"湖南智造"背景下
高职"双元双创"人才
培养模式研究与实践

刘春光　唐小艳 著

西南财经大学出版社

中国·成都

图书在版编目（CIP）数据

"湖南智造"背景下高职"双元双创"人才培养模式研究与实践/刘春光,唐小艳
著.—成都:西南财经大学出版社,2021.6
ISBN 978-7-5504-4157-6

Ⅰ.①湖…　Ⅱ.①刘…②唐…　Ⅲ.①高等职业教育—人才培养—培养模式—
研究—中国　Ⅳ.①G718.5

中国版本图书馆 CIP 数据核字（2019）第 219542 号

"湖南智造"背景下高职"双元双创"人才培养模式研究与实践
'HUNAN ZHIZAO' BEIJINGXIA GAOZHI 'SHUANGYUAN SHUANGCHUANG' RENCAI PEIYANG MOSHI YANJIU YU SHIJIAN
刘春光　唐小艳　著

策划编辑:刘治强	
责任编辑:王琳	
封面设计:张姗姗	
责任印制:朱曼丽	

出版发行	西南财经大学出版社(四川省成都市光华村街 55 号)
网　　址	http://cbs.swufe.edu.cn
电子邮件	bookcj@swufe.edu.cn
邮政编码	610074
电　　话	028-87353785
照　　排	四川胜翔数码印务设计有限公司
印　　刷	四川五洲彩印有限责任公司
成品尺寸	170mm×240mm
印　　张	11.5
字　　数	215 千字
版　　次	2021 年 6 月第 1 版
印　　次	2021 年 6 月第 1 次印刷
书　　号	ISBN 978-7-5504-4157-6
定　　价	88.00 元

前言

2015 年 3 月 5 日，李克强总理在《政府工作报告》中，首次提出"中国制造 2025"的宏大战略，再次吹响了我国工业化升级的号角。为全面贯彻落实《中国制造 2025》，加快建设制造强省，推进新型工业化，湖南省人民政府于 2015 年 11 月 12 日发布《湖南省贯彻〈中国制造 2025〉建设制造强省五年行动计划（2016—2020 年）》，提出以智能制造为主攻方向，加快发展 12 大重点产业。要实现"湖南智造"的战略目标，人才的培养是关键，"湖南智造"战略对高职人才培养提出了新要求。提高制造业创新能力，迫切需要具有创新思维和创新能力的人才；强化工业基础能力，迫切需要掌握共性技术和关键工艺的专业人才；信息化与工业化深度融合，迫切需要具备信息技术应用能力的人才；发展服务型制造，迫切需要培养更多复合型人才进入新业态、新领域；发展绿色制造，迫切需要普及绿色技能和绿色文化；打造"中国品牌""中国质量"，迫切需要提升全员质量意识和培养工匠精神等。在此背景下，笔者结合在校企合作、校内生产性实训室十余年的探索与实践，就"湖南智造"背景下高职"双元双创"人才培养模式进行了研究与实践。

全书共分六章，第一章通过对"湖南智造"战略现实背景进行分析，弄清新时代背景下经济发展对高职人才培养提出的新要求，认为智能制造背景下高职人才应具有发展性、复合型和创新性特质。第二章对国内外学者在校企合作、创新创业教育和人才培养模式等方面的现有研究进行梳理，并对"双元双创"人才培养模式的核心概念进行界定，为后续的研究打下坚实的理论基础。第三章对国外职业教育中较典型的德国"双元制"、美国"合作教育"、英国"三明治"、澳大利亚"TAFE"、法国"学徒培训中心"、日本"产学官"、新加坡"教学工厂"七种人才培养模式进行对比分析，以便厘清职业教育人才培养模式机制的发展脉络，吸取各种模式的优点，为"湖南智造"背景下创新高职人才培养模式提供借鉴。第四章对我国高职院校人才培养的现状进行分析，找出人才培养中存在的问题。第五章把智能制造型人才培养目标、培养过程和培养方式视为一个整体，基于利益相关者理论和人才学理论，从新时代人才的新需求出发，尝试构建高职"双元双创"人才培养的理论模型和实践框架。第六章从宏观和微观两个层面阐述高职"双元双创"人才培养模式的动力保障机制。

本书为湖南省哲学社会科学基金"2025湖南智造"高职项目"'湖南智造'背景下高职'双元双创'人才培养模式实践与创新研究"（课题编号：17YBG003）的研究成果之一。

本书写作历时两年多，数易其稿。笔者多次向行业、教育主管部门、企业、学校的领导和专家咨询与请教，受益良多，书中许多观点源于他们的思想，在此，表示最真诚的感谢！西南财经大学出版社的领导和编辑为本书的出版给予了大力支持，在此表示真诚的谢意！

由于水平有限，不足之处敬请各位读者批评指正。

刘春光

目录

第一章 "湖南智造"战略分析

第一节 "湖南智造"战略背景

一、中国制造战略背景

"中国制造 2025"的远大战略，是李克强总理在 2015 年 3 月 5 日的全国两会《政府工作报告》中提出的，战略的提出再次吹响了我国工业化升级的号角。2015 年 3 月 25 日，李克强组织召开国务院常务会议时强调要加快推进实施"中国制造 2025"，实现制造业的升级，并审议通过了《中国制造 2025》方案。2015 年 5 月 19 日，国务院正式印发《中国制造 2025》方案。中国制造强国战略的提出是为了更好地迎接发达国家和发展中国家制造业双重挤压的挑战，同时也是为了顺应新一轮全球产业技术革命的发展趋势①；除此之外，中国制造强国战略的提出也是为了解决中国制造业转型升级中出现的各种矛盾，如生产成本上升与国际市场竞争更为激烈的矛盾，产业效益偏低与创新力不足的矛盾，制造业的粗放发展模式与能源和环境约束的矛盾。下面笔者将从两个方面来详细分析中国制造战略提出的现实背景。

（一）面临全球"再工业化"的压力

21 世纪以来，面对新一轮科技革命，世界主要发达国家和发展中国家在 2015 年前已经开始实施"再工业化"战略，对制造业重新布局，以便抢占新制造业的高地。

1. 发达国家制造业布局升级

（1）美国提出"先进制造伙伴"计划

美国总统科技顾问委员会在 2011 年 6 月正式发布《确保美国先进制造业

---

① 制造强国战略研究项目组. 制造强国战略研究 [M]. 北京：电子工业出版社，2015：4-14.

领导地位》的政策报告，该报告提出了美国"先进制造伙伴"（advanced manufacturing partnership，AMP）计划，该计划立马得到了时任美国总统奥巴马的大力支持。2011年6月24日，奥巴马在卡内基梅隆大学发表演讲时宣布正式实施AMP计划。"先进制造伙伴"计划投资超过5亿美元，目标是把美国的学界、产业界和联邦政府部门有机地组织在一起，通过共同投资新兴技术来制造高水准的美国产品，使美国制造业赢得全球竞争优势①。2012年，美国国家科学和技术委员会（national science and technology council，NSTC）发布《先进制造业国家战略计划》（"A National Strategic Plan For Advanced Manufacturing"），提出了实施美国先进制造业战略的五大目标是加快中小企业投资、提高劳动力技能、建立健全伙伴关系、调整优化政府投资、加大研发投资力度，并明确了参与每个目标实施的主要联邦政府机构②。

2013年，美国三部门共同发布《国家制造业创新网络：一个初步设计》（"National Network For Manufacturing Innovation：A Preliminary Design"），成立了15个学院，这些学院负责在各自领域进行专项平台性技术研究。2014年美国AT&T、Cisco、GE、IBM和Intel五家企业共同成立工业互联网联盟，致力于实现技术的互联互通，促进智能化生产，目前该联盟已经有多家会员企业。同年，《振兴美国制造业和创新法案》发布，该法案将重点关注纳米技术、先进陶瓷、微电子器件工具开发等领域③。

（2）德国提出"工业4.0"战略

2011年，在德国汉诺威工业博览会上，"工业4.0"战略被首次提出，并于2013年由德国联邦教研部与联邦经济技术部正式推出。该战略的目的在于推动德国工业领域新一代革命性技术的研发与创新。"工业4.0"战略是德国工业振兴的国家战略，标志着以信息物理系统（CPS）为基础，以生产高度数字化、网络化、机器自组织的德国第四次工业革命诞生④。

（3）日本提出"重振制造业"的战略

2015年，日本政府在"制造业白皮书"中提出"重振制造业"的战略目标。该目标包括：第一，在企业向海外转移生产的同时，确保"母体机能"留存在日本国内。为维持日本制造业的活力，将日本企业的海外生产体制和国

---

① CELASUN O，BELLA G D，MAHEDY T，et al. The U. S. Manufacturing Recovery：Uptick or Renaissance？［R］. International Monetary Fund（IMF），2014.

② 朱颖，罗英. 美国重振制造业的举措及对我国的影响［J］. 经济纵横，2013（4）：111–115.

③ 陈静. 发达国家"再工业化"与中国制造业出口竞争力研究［D］. 北京：北京邮电大学，2015.

④ 刘俊卿. 数字工厂是工业4.0愿景的基础［J］. 中国经济和信息化，2014（15）：70.

内的"母体机能"结合起来。第二，遴选出6 000多名具有特殊制造技术的专家培训制造业一线技术员工，确保日本传统制造技术和生产诀窍的传承，以满足制造业技术人才需求。第三，推动制造业中不同行业的融合，如汽车与电子、建筑与机器人、能源与信息等。第四，追赶国际信息技术向制造业渗透的潮流，使日本制造业的信息化程度从目前的30%提高到50%以上，加快制造业的升级换代。

（4）英国提出"工业2050"战略

2013年10月，英国在《制造业的未来：英国面临的机遇与挑战》（"The future of manufacturing：a new era of opportunity and challenge for the UK"）的报告中提出"工业2050"战略。该战略提出制造并不是传统意义上"制造之后进行销售"，而是"服务加再制造（以生产为中心的价值链）"。同时，该战略提出政府应致力于响应消费需求，把握市场机遇，提升可持续发展能力，培养高素质劳动力，重点资助建设新能源、嵌入电子、智能系统、生物技术、材料化学等14个创新中心①。

（5）法国提出"新工业法国"战略

面对伴随"去工业化"而来的工业增加值和就业比重的持续下降，法国政府意识到"工业强则国家强"，于是在2013年9月推出了"新工业法国"战略，旨在通过创新重塑工业实力，使法国重回世界工业第一梯队。该战略是一项10年期的中长期规划，展现了法国在第三次工业革命中实现工业转型的决心和实力，其主要目的是解决三大问题：能源、数字革命和经济生活。该战略共包含34项具体计划，分别是：可再生能源、环保汽车、充电桩、蓄电池、无人驾驶汽车、新一代飞机、重载飞艇、软件和嵌入式系统、新一代卫星、新式铁路、绿色船舶、智能创新纺织技术、现代化木材工业、可回收原材料、建筑物节能改造、智能电网、智能水网、生物燃料和绿色化工、生物医药技术、数字化医院、新型医疗卫生设备、食品安全、大数据、云计算、网络教育、宽带网络、纳米电子、物联网、增强现实技术、非接触式通信、超级计算机、机器人、网络安全、未来工厂②。

2. 发展中国家制造业布局升级

发展中国家中布局制造业升级最有代表的是承接中国制造跨国转移的印度和印度尼西亚。

---

① 王喜文. 英国制造业能否重现工业革命时代辉煌［N］. 中国电子报，2014-12-23（4）.

② 王喜文. 新工业法国从I到II［EB/OL］.（2015-8-13）. http://www.chinaesd.org.cn/Content_Detail.asp？C_ID=20006918&Column_ID=37008.

2014 年，印度政府出台了《国家制造业政策》，主要措施是：第一，通过建立服务信息门户，改善投资环境，为国内小企业的创立和运行提供帮助；第二，吸引外资，建设基础设施，印度政府计划投资 10 000 亿美元用于基础设施建设，打造新德里—孟买工业走廊和孟买—班加罗尔工业走廊；第三，立足以信息技术为代表的高科技基础，发展技术性制造业中心；第四，建设国家投资与制造业园区（NIMZS），并制定完善国家投资与制造业园区指南，推动工业人才培训[①]。

在雅加达召开的 2018 年印度尼西亚工业峰会上，佐科总统正式颁布了《印度尼西亚工业 4.0 路线图》，提出了印度尼西亚"工业 4.0"发展的基本背景、核心目标、五大优先领域及十大国家议程，希望将印度尼西亚打造成全球数字时代的制造强国，推进印度尼西亚经济高质量发展[②]，并将食品与饮料、纺织与服装、汽车、电子、化工确定为印度尼西亚发展"工业 4.0"的五大优先产业。

（二）面临中国制造转型升级的压力

1. 中国制造业的演变历程

纵观中国制造业发展历程，中国制造业的发展可以划分为以下四个阶段[③]。

（1）制造业的萌芽阶段（19 世纪 60 年代—1948 年）

在制造业萌芽阶段，由清政府拨款，洋务派主持，对西方的先进机器技术进行了大规模移植，兴建了军事工厂、煤矿、钢铁厂、机器棉纺织厂和铁路等，它们是中国最早的国有现代企业。此阶段的制造业呈现产业结构偏向轻工业、手工劳动大量存在、生产资料薄弱、工业资本规模较小的特点，制造业主要分布在上海、广州、武汉。

（2）重工业快速发展阶段（1949—1977 年）

该时期是新中国单纯依靠国家力量、实行计划经济和优先发展重工业的重要时期。"一五"计划（1953—1957 年）的核心是当时苏联援建的 156 个大型项目，这些项目遍布国防工业、机械工业、电子工业、化学工业等各个领域，

---

① 胡凤雅."中国制造 2025"与"印度国家制造政策"的战略对接研究 [J]. 经济体制改革，2017（5）：162-167.

② Ministry of Industry of the Republic of Indonesia. Indonesia's 4th Industrial Revolution [R]. Jakarta：ATKearney，2017.

③ 许召元. 加快形成制造业国际竞争新优势的对策 [J]. 经济日报，2018-5-17（16）.

且97%都为重工业①。同时考虑到当时备战的需要，这些项目主要配置在东北地区、中部地区和西部地区。"二五"时期工业资本投入到重工业的比例为89.5%，而且重工业内部也失调严重，钢铁行业脱离其他部门急速发展。

（3）快速繁荣阶段（1978—2010年）

该时期中国制造业的发展又可分为三个时期：第一个时期（1978—1991年）为乡镇企业开启制造业复苏发展阶段。1979年4月，国务院发布《关于轻工业工作着重点转移问题的报告》，制造业发展开始侧重于满足民生需求，转而重点发展轻工业，适当控制发展重工业。1984年中国首次发布《国民经济行业分类和代码》，工业行业中仅有化工、机械等13个大类行业，成为全球制造业体系最为完整的国家。第二个时期（1992—2001年）为民营和外资企业催动制造业快速发展阶段。1994年2月，国务院下发《90年代国家产业政策纲要》，提出加快高新技术产业发展，大力发展新兴产业，进一步促进了制造业的发展。第三个时期（2002—2010年）为中国制造业融入全球制造业体系，规模迅猛扩张和深度国际化发展阶段。2001年12月，中国加入世界贸易组织，以此为契机中国制造业迅速走向全球市场，融入全球制造业体系，规模迅猛扩张。2009年推出了《装备制造业调整和振兴规划》，以图通过发展装备制造业提升中国制造业的技术水平和生产效率，增强制造业的国际竞争力。2010年，国务院又颁布了《国务院关于加快培育和发展战略性新兴产业的决定》，提出要重点发展节能环保、新一代信息技术、生物、高端装备制造、新能源、新材料、新能源汽车等产业。

（4）高质量发展阶段（2011年至今）

高质量发展阶段是指制造业创新转型和提升企业与产品全球价值的阶段。2015年，中国政府正式发布了中国制造业第一个十年发展规划《中国制造2025》，提出建设制造强国的宏大目标，中国制造业开始全面向先进制造发展转向②。

2. 中国制造业发展面临严峻挑战

改革开放40多年来，中国制造业虽然取得了长足的发展，但"大而不强"，很多的因素制约着中国制造业的进一步发展，一些矛盾日益显现，面临严峻的挑战，主要体现在如下几个方面。

---

① 郭庆然，丁翠翠. 新中国产业结构的历史变迁：以制造业为例 [J]. 河南科技学院学报，2013（1）：6-11.

② 何召鹏，卫兴华. 中国特色社会主义经济理论的创新与发展 [J]. 当代中国史研究，2018，25（5）：118-119.

（1）生产成本上升

制造业生产成本上升主要源于劳动力成本和环保成本的上升。我国人口红利期已结束，老龄化时代来临，人力成本在不断提高。《德勤中国竞争力调查报告2011》数据显示，目前大部分东南亚国家的人力成本约为中国的50%。从制造业从业人员的月平均工资来看，越南大概是1 000元，印度约为600元，而我国东部沿海地区已经达到2 500~3 000元①。据牛津经济研究院报告显示，2016年中国制造业单位劳动力成本对美国的优势已缩减至4%。再加之自2000年以来，我国人口年均增长率为0.57%，比1990—2000年低0.5个百分点，人口增长率迅速下降，人口老龄化的速度加快②。受此影响，拥有更低人力成本和环保成本的印度、东南亚国家和拉美国家等快速抢占了全球中低端制造业市场，这对中国世界工厂的地位形成了威胁。2003年我国制造业产品的成本平均比美国要低22%，但到2008年年底已收窄至5.5%，2008年之后更是逐渐下降③。

（2）制造业的粗放发展与能源和环境约束的矛盾日益突出

金融危机后，国内制造业的高投入、高污染、高消耗、低成本的发展模式难以为继④。一直以来，以重化工为主的产业结构和粗放式的增长方式，给我国资源环境带来巨大压力。当前，我国土地、水、森林等资源较为稀缺，煤炭、矿石、石油等资源供需缺口仍在持续扩大，但我国单位GDP（国内生产总值）能耗强度仍高于世界平均水平，能源消费总量一直居世界首位。同时，能源投入结构不合理，在不断优化能源消费结构的情况下，2016年我国煤炭消费量仍占世界煤炭消费总量的50.58%，不合理的能源结构使我国环境污染问题日趋严重⑤。

（3）制造业创新能力不足

全球500多种工业产品中有220多种工业品出自中国，但是中国制造业的自主创新能力并不足，例如在一些关键元器件、零部件制造工艺上的核心技术，对

---

① 中国（海南）改革发展研究院课题组. 大趋势：从中国制造走向中国智造［N］. 上海证券报，2015-03-25（A03）.

② 丁文珺，杜志明. 我国制造业发展四十年：成就、新形势与转型思路［J］. 经济纵横，2018（8）：70-79.

③ 中国（海南）改革发展研究院课题组. 大趋势：从中国制造走向中国智造［N］. 上海证券报，2015-03-25（A03）.

④ 孙玉磊. 劳动力成本上升影响制造业产业结构的理论与实证研究［D］. 长沙：湖南大学，2014.

⑤ 丁文珺，杜志明. 我国制造业发展四十年：成就、新形势与转型思路［J］. 经济纵横，2018（8）：70-79.

外依存度过高。我国制造业"大而不强"，整体上处于全球制造业产业链的中低端，缺乏国际一流企业和国际知名品牌，产业链当中高附加值的部分所占份额比较小。此外，国内大多数制造企业，特别是中小企业，管理水平也比较落后①。例如，在核心技术方面，我国的国外知识产权依存度至少达到90%，而发达国家对国外知识产权的依赖程度一般低于30%。根据相关统计，我国的创新能力指数（GII）及全球竞争力指数（GCI）在世界上仅处在25~30名的位置②。

二、"湖南智造"战略背景分析

制造强国战略的提出，是湖南制造业产业升级、提高水平、发展壮大的重大机遇。为全面贯彻落实《中国制造2025》，加快建设制造强省，加速推进新型工业化，湖南省人民政府于2015年11月12日发布《湖南省贯彻〈中国制造2025〉建设制造强省五年行动计划（2016—2020年）》，提出以智能制造为主攻方向，加快发展12大重点产业。为了更加深层次地把握"湖南智造"战略的现实背景，除了了解上述全国背景，笔者认为，"湖南智造"战略的推出，还应考虑湖南制造业的发展现状和湖南制造业所面临的现实问题。

（一）湖南制造业的现状分析

1. 湖南制造业主要经济指标状况

如表1-1所示，2011—2017年湖南省制造业企业数呈现上升趋势，增长率31.3%。规模以上制造业从业人数从2011年的243.93万增加到2017年的303.27万；2017年规模以上制造业产值达到36 420.62亿元。制造业发展增速较快，2014年计算机通信和其他电子设备制造业、医药制造业、汽车制造业等行业增加值增速均在18%以上；铁路、船舶、航空航天和其他运输设备制造业增速超过20%。通过对全省30个制造业各细分行业的比较，只有烟草制品、专用设备制造、有色金属冶炼及压延加工、石油加工炼焦及核燃料加工、铁路船舶航空航天及其他运输设备制造5大行业在制造业总体中占据较大比重，规模经济优势明显；其他行业普遍规模较小，专业分工水平较低。湖南统计决策咨询第23期数据显示，2013年湖南制造业产值占工业产值的89.5%，比2008年上升了两个百分点；2014年这一比重为90.1%。湖南省2013年和2014年国民经济和社会发展统计公报数据显示，2013年全省规模以上高加工度工业增加值同比增长14.1%，高技术产业增加值同比增长27.3%，而2014年增长率分别为13.5%和27.8%。

---

① 储著胜. 面临挑战的中国制造业亟待突围［N］. 证券时报，2018-12-26（A08）.
② 高望. 中国如何从制造大国转变为制造强国？［N］. 建筑时报，2015-04-16（5）.

2014 年年末，全省规模以上工业装备制造业企业共有 3 049 家，占全省规模以上工业企业的 22.6%，比 2008 年增加 756 家；拥有总资产 7 406.04 亿元，占全省规模以上工业企业的 35.5%，是 2008 年的 3.57 倍；当年实现主营业务收入 9 732.24 亿元，占全省规模以上工业企业的 29.2%，比 2008 年增长 3.16 倍，年均增长 26.8%；实现出口交货值 668.84 亿元，占全省规模以上工业企业的 50.8%，比 2008 年增长 3.11 倍，年均增长 26.6%。2014 年，全省制造业增加值达到 9 522.33 亿元，占 GDP 的比重为 35.2%，占工业增加值的比重达到 88.6%，制造业的发展带动了生产性服务业的发展，2014 年全省生产性服务业增加值达到 4 963.46 亿元，占 GDP 的比重为 18.4%，占服务业增加值的比重达到 43.5%[1][2]。

表 1-1 2011—2017 年规模以上制造业主要经济指标

年份	企业数量/个	产值/亿元	资产/亿元	收入/亿元	利润/亿元	从业人数/万
2011	10 633	22 902.64	12 411.07	22 578.61	1 634.07	243.93
2012	10 996	24 929.35	14 474.77	24 562.45	1 587.49	257.34
2013	11 762	28 732.70	16 445.22	28 443.07	1 794.80	281.11
2014	12 012	31 151.22	18 169.34	30 254.27	1 496.35	287.99
2015	12 524	33 365.70	7 158.95	32 570.99	1 641.47	296.72
2016	13 073	36 567.94	21 271.50	35 487.08	1 789.97	299.92
2017	13 963	36 420.62	23 393.86	36 275.17	1 964.00	303.27

注：规模以上制造业主要经济指标，其中制造业是按照国民经济行业分类标准（GB/T 4754—2011）来划分，主要包括：农副食品加工业；食品制造业；酒、饮料和精制茶制造业；烟草制品业；纺织业；纺织服装、服饰业；皮革、毛皮、羽毛及其制品和制鞋业；木材加工和木、竹、藤、棕、草制品业；家具制造业；造纸和纸制品业；印刷和记录媒介复制业；文教、工美、体育和娱乐用品制造业；石油加工、炼焦和核燃料加工业；化学原料和化学制品制造业；医药制造业；化学纤维制造业；橡胶和塑料制品业；非金属矿物制品业；黑色金属冶炼和压延加工业；有色金属冶炼和压延加工业；金属制品业；通用设备制造业；专用设备制造业；汽车制造业；铁路、船舶、航空航天和其他运输设备制造业；电气机械和器材制造业；计算机、通信和其他电子设备制造业；仪器仪表制造业；其他制造业；废弃资源综合利用业；金属制品、机械和设备修理业。

---

① 湖南省统计局. 湖南省 2013 年国民经济和社会发展统计公报[EB/OL].（2014-03-14）. http://tjj.hunan.gov.cn/tjfx/tjgb/jjfzgb/201507/t20150718_4326851.html.

② 湖南省统计局. 湖南省 2014 年国民经济和社会发展统计公报[EB/OL].（2015-03-17）. http://tjj.hunan.gov.cn/tjfx/tjgb/jjfzgb/201507/t20150718_4326852.html.

2. 湖南省战略性新兴产业的发展现状

战略性新兴产业是以重大技术突破和重大发展需求为基础，对经济社会全局和长远发展具有重大引领带动作用，知识技术密集、物质资源消耗少、成长潜力大、综合效益好的产业。战略性新兴产业是经济转型的重要抓手，也是引领"中国制造"升级的重要着力点①。所以说战略性新兴产业能直接反映一个地区制造业的发展水平②。

截至 2014 年年底，湖南省共有战略性新兴产业企业 3 097 家，比上年底净增 532 家，总数为 2011 年年底的 1.56 倍。战略性新兴产业企业中，规模以上工业企业 2 130 家，占 68.8%；限额以上服务业企业 305 家，占 9.8%。分地区看，长沙市、岳阳市、株洲市、衡阳市、郴州市、常德市的企业数均在 200 家以上，六市企业合计 1989 家，占全省的 64.2%③。图 1-1 显示了 2011—2016年湖南省战略性新兴产业增速及占地区 GDP 的比值，可以看出，湖南省战略性新兴产业的增速逐年放缓，其中，2011—2013 年增速急剧下降；六年间，湖南省战略性新兴产业占地区 GDP 的比值保持在 10% 以上，增长平稳。

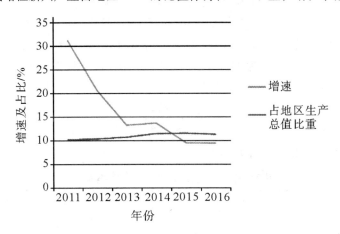

图 1-1　2011—2016 年湖南省战略性
新兴产业增速及占比

---

① 郭晓丹. 战略性新兴产业引领"中国制造"转型 [N]. 光明日报，2011-07-08 (11).
② 张邦朝，谢世清，李国治，等. 科技创新是云南省发展农业战略性新兴产业的核心支撑 [J]. 农业科技管理，2012，31 (6)：10-13.
③ 湖南省经济和信息化委员会. 2014 年湖南战略性新兴产业发展报告 [EB/OL].(2015-03-18).http://www.miit.gov.cn/n1146290/n1146402/n1146450/c3267022/content.html.

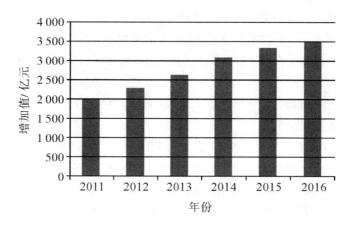

图 1-2　2011—2016 年湖南省战略性新兴产业增加值

　　"十二五"以来，湖南省七大战略性新兴产业增加值年均增长率保持在17.4%。截至 2016 年年底，湖南省战略性新兴产业企业数达 3 401 家，比 2011 年净增 1 420 家，增加 71.68%。自 2011 年以来湖南战略性新兴产业增加值稳步上升，2016 年增加值达 3 499.24 亿元，但增速呈现下降的趋势（如图 1-2 所示）。2011 年增速为 31.1%，而 2016 年增速为 9.4%。增加值占 GDP 的比重趋于稳定，2016 年占比为 11.2%，高于同期全国平均水平。如表 1-2 所示，2014 年，战略性新兴产业的总营业收入为 10 339.86 亿元，其中，先进装备制造业营业收入为 3 165.77 亿元，占全部战略性新兴产业的 30.62%；新材料产业 2 837.87 亿元，占 27.45%；节能环保产业 1 441.79 亿元，占 13.94%；信息产业 1 329.91 亿元，占 12.86%。

表 1-2　湖南省战略性新兴产业主要经济指标（2014 年）

七大新兴产业	收入 /亿元	占比 /%	利润额 /亿元	利润率 /%	增加值 /亿元
先进装备制造业	3 165.77	30.62	141.46	4.47	1 007.95
新材料产业	2 837.87	27.45	82.85	2.92	755.61
节能环保产业	1 441.79	13.94	67.76	4.7	420.45
信息产业	1 329.91	12.86	59.92	4.51	434.08
生物产业	671.5	6.49	41.43	6.17	213.44
新能源产业	580.37	5.61	24	4.14	190.8
文化创意产业	312.65	3.03	30.24	9.67	125.31
合计	10 339.86	100	447.66	—	3 147.64

经过几年培育发展，七大战略性新兴产业基本形成了特色比较鲜明的重点发展领域。如先进装备制造业中的中高端工程机械、新能源汽车及整车新品、高端轨道装备是该产业的主要发展领域。新材料产业中的金属新材料和化工新材料是该产业的主要发展领域。节能环保产业中的资源循环利用产业和节能产业是该产业主要发展领域。信息产业中的数字化整机和新型元器件是该产业主要发展领域。生物产业中的现代中药、化学药、粮油作物育种是该产业的主要发展领域。湖南战略性新兴产业总体保持较好发展势头，但增长速度明显放缓。虽然增速仍领先于全省经济增长平均水平，但优势明显缩小，对地区经济增长的贡献下降。产业规模仍然偏小，七大战略性新兴产业经济总量还不够大，规模效益还不够突出[①]。

3. 中部六省制造业比较

（1）中部六省制造业经济创造能力比较

唐德才等对"十二五"以来，中部六省的制造业经济创造能力进行了分析，包括产值、效率、利润和市场四个方面，并选取五个指标进行评价，发现从强到弱依次排序为：安徽、江西、河南、山西、湖南和湖北[②]。

由表1-3可知，2017年，制造业产值排名前三的为河南、湖北和安徽。但制造业利润从高到低排名为河南、江西、湖北、安徽、湖南和山西，湖南排名靠后。人均制造业产值排名第一为湖北，湖南仅仅超过山西，排名第四。制造业产销比湖南排第一，其次为江西，湖北排名第六，表明湖北省制造业产能过剩较严重。

表 1-3　2017 年中部六省制造业经济创造能力比较

省份	产值（当年价格）/亿元	收入/亿元	利润/亿元	从业人数/万	人均产值/万元	产销比	规模以上工业增加值增长率/%
湖南	36 420.62	36 275.17	1 964.00	303.27	120.09	0.996	7.3
湖北	42 773.66	41 178.03	2 345.46	285.63	149.75	0.962	7.4
河南	74 091.39	73 128.2	5 171.97	596.51	124.21	0.987	7.2
安徽	39 721.28	38 811.66	2 154.26	—	—	0.977	9
江西	33 330.52	33 130.54	2 348.82	244.20	136.49	0.994	9.1
山西	9 049.85	8 846.23	418.16	88.4	102.37	0.978	7.0

注：数据来源于2017年中国统计年鉴和各省统计年鉴。

---

① 湖南省工业和信息化厅. 2014年湖南战略性新兴产业发展报告 [N]. 湖南日报, 2015-3-17.

② 唐德才，汤杰斯，刘昊. 中部6省制造业"新型化"比较与评价 [J]. 工业技术经济，2016, 35（6）：111-121.

（2）中部六省制造业科技创新能力比较

由表 1-4 可知，湖南省的 R&D（研发）经费 2015—2017 年逐年递增，但 R&D 经费总额在中部六省中排名偏中下。可以看出在中部六省中，湖南制造业科技投入不足，不能和数量庞大的 R&D 人员相匹配，也不能适应当前经济发展的需求。

表 1-4　2017 年中部六省制造业科技创新能力比较

省份	2015 年		2016 年		2017 年	
	R&D 经费/万元	R&D 经费投入强度/%	R&D 经费/万元	R&D 经费投入强度/%	R&D 经费/万元	R&D 经费投入强度/%
全国	14 169.9	2.07	15 676.7	2.11	17 606.1	2.13
湖南	412.7	1.43	468.8	1.50	568.5	1.6
湖北	561.7	1.90	600.0	1.86	700.6	1.97
河南	435.0	1.18	494.2	1.23	582.1	1.31
安徽	431.8	1.96	475.1	1.97	564.9	2.09
江西	173.2	1.04	207.3	1.13	255.8	1.28
山西	132.5	1.04	132.6	1.03	148.2	0.95

注：数据来源于 2015—2017 年全国科技经费投入统计公报。

（二）湖南制造业面临的问题

1. 自主创新能力缺乏

因投入不足，研发能力弱，湖南制造业企业自主创新能力不强，缺乏具有自主知识产权的核心技术和品牌，产品附加值低，成为制造业转型升级的一大掣肘。第三次全国经济普查数据显示，湖南制造业 R&D 经费支出 261.47 亿元，是湖北省（309.5 亿元）的 84%，浙江省（679.4 亿元）的 38%。企业的创新意识不强，研发经费不足不利于企业提高自主研发能力，从而导致更多地依赖进口，使湖南制造业始终处在微笑曲线中间部分，附加值小、竞争力不足，从而难以打开国际市场①。装备制造业是湖南省的优势产业，但与其他强势省份，如江苏（4.24）、山东（3.32）、广东（3.53）相比，湖南装备制造业的创新能力（2.60）仍然不足。具体来说，制约湖南制造业创新能力的主要因素包括：第一，金融资源匮乏。在金融资源方面，金融服务是限制湖南制

①　黄昊. 湖南制造：如何从大到强［N］. 湘声报，2016-11-05（2）.

造业创新能力发展的短板。与北京、上海、广东、湖北等地相比，湖南金融机构发展缓慢，金融产品缺乏创新，对实体经济的服务力度不够，普惠金融发展不足，导致湖南制造企业融资渠道有限，融资成本高，从而不利于制造业的创新研发投入。第二，人才资源匮乏。一方面，湖南不仅缺乏高精尖人才，而且人才"东南飞"导致本地人才大量外流；另一方面，湖南仍有近600万贫困人口，其教育水平低、职业技能不足。在人才资源的金字塔中，塔尖高端人才和塔基产业工人的不足都制约了制造业的转型升级①。

2. 制造业开放度不高

与沿海城市相比，湖南制造业行业整体开放度不高。2015年湖南省出口交货值668.84亿元，在中部六省中仅位列第四，而该指标的高低是企业是否有效参与国际竞争和分工的重要表现。湖南制造业出口交货值较低，说明出口竞争力较弱，不利于制造业经济结构的外向型发展。同时，对外经济交流程度低也阻碍了企业学习国外先进的科学技术，本土企业缺乏吸收、学习、创新的基础②。

3、缺乏核心技术和品牌

核心器件多靠进口，人才匮乏已成瓶颈。主要材料核心件受制于国外，关键零部件缺陷多，其中高端核心元器件85%靠进口。湖南制造业在基础零部件、核心材料、传感器件检测手段配套能力上不强和不足。如在与整机配套的关键集成电路芯片设计创新上，目前只有中车株洲所有一定的优势，其他企业绝大部分靠进口。专用数控加工机床除国内少数企业能生产外，其他需要依赖进口。湖南铁建重工制造生产的大口径盾构机的重型数控机也由武汉重型机床公司生产供给③。

4. "三高一低"问题突出

所谓"三高一低"就是高投入、高能耗、高污染、低效益。"三高一低"的发展模式已经严重影响到经济结构的调整和增长方式的转变。湖南虽是制造业大省，但是产业发展主要依赖资源、劳动力等要素的大量投入，未完全摆脱传统粗放型增长方式。2010—2013年，湖南高耗能行业增加值增速分别为20.7%、16.9%、13.5%和12.8%，比全国增速分别高7.2、4.6、4.0和2.7个百分点（全国高耗能行业增速分别为13.5%、12.3%、9.5%和10.1%）。

① 车矫，童泽林，刘侃侃. 湖南制造业推进"中国制造2025"的SWOT分析与对策 [J]. 湖南理工学院学报（自然科学版），2017，30（2）：77-80.

② 黄昊. 湖南制造：如何从大到强 [N]. 湘声报，2016-11-05 (2).

③ 黄昊. 湖南制造：如何从大到强 [N]. 湘声报，2016-11-05 (2).

2017 年，全省规模工业 39 个大类行业中，25 个大类行业综合能源消费量增长，14 个大类行业综合能源消费量下降。六大高耗能行业综合能源消费量为 4 800.81 万吨标煤，占全省综合能源消费量的 79.5%，同比增长 1.9%，增速较 2016 年提高 3.6 个百分点。其中，电力热力生产和供应业增长 10.2%，增长最快；非金属矿物制品业增长 2.6%；黑色金属冶炼和压延加工业增长 1.2%。高技术制造业综合能源消费量为 141.00 万吨标煤，占比 2.3%，同比增长 8.6%。其中，计算机及办公设备制造业增长 19.8%，增长最快；航空、航天器及设备制造业增长 14.8%；电子及通信设备制造业增长 14.0%。战略性新兴产业综合能源消费量为 545.84 万吨标煤，占比 9.0%；同比增长 8.1%，增幅较 2016 年同期提高 1.4 个百分点，较上半年提高 4.5 个百分点。装备制造业综合能源消费量为 250.72 万吨标煤，占比 4.2%；增长 8.3%，增幅较 2016 年同期提高 4.6 个百分点，较上半年提高 4.1 个百分点。除铁路、船舶、航空航天和其他运输设备制造业能耗下降外，其他行业均不同幅度增长。两个行业增长最快，电器机械和器材制造业增长 18.2%，计算机通信和其他电子设备制造业增长 17.1%。

2017 年 10 月 18 日，习近平总书记在党的十九大报告中提出要加快生态文明体制建设，建设美丽新中国，坚持走可持续发展的道路。自 2007 年以来，湖南先行先试建"两型"社会，探索一条资源节约、环境友好的"两型"新路，出台了很多相关政策文件。如《绿色湖南建设纲要》（中共湖南省委、省人民政府湘发〔2012〕9 号）中提出绿色生产指标：能源消费总量、单位地区生产总值能耗、二氧化碳、二氧化硫、化学需氧量、工业固体废弃物排放强度控制在国家下达的目标以内；万元工业增加值用水量降低 30%；农田灌溉水有效利用系数 0.55；战略性新兴产业增加值占地区生产总值的比重超过 20%。到 2020 年，湖南省初步建成山清水秀的生态环境体系、低碳环保的绿色产业体系、可持续利用的资源支撑体系、优美舒适的人居环境体系、和谐共生的绿色文化体系和高效运行的绿色管理体系，全面增强经济社会可持续发展能力，基本实现生态良好、环境优美、经济繁荣、人民幸福、社会和谐[①]。湖南省作为中部发展较快的省份，长期致力于推动城市经济的绿色可持续发展。2017 年 12 月，湖南省政府金融办、省环保厅、省财政厅等八部门联合出台了《关于促进绿色金融发展的实施意见》，为进一步支持供给侧结构性改革、培育经

---

① 中共湖南省委湖南省人民政府. 绿色湖南建设纲要：中共湖南省委、省人民政府湘发〔2012〕9 号[EB/OL].（2012-04-20）.http://www.9ask.cn/fagui/201204/156357_1.html.

济发展新动能提供政策支撑。

如图1-3所示，湖南省工业废水排放量变化没有一定规律，但1995—2007年，均在10亿吨以上，2008年首次低于10亿吨，2003年以后呈现递减的态势。就2008年来看，全省废水排放总量25.03亿吨，比上年减少0.7%，其中，工业废水排放量9.23亿吨，比2007年下降了7.8%，占废水排放总量的36.9%；生活污水排放量15.80亿吨，比2007年增长了3.9%，占废水排放总量的63.1%。湖南省工业废气排放量近年来一直呈上升状态，2008年达到峰值，工业废气排放总量为9 248.6亿标立方米。湖南省工业固体废弃物产生量近年来逐年上升，且上升幅度较大，其中危险废物产生量也逐年增加。2008年全省工业固体废弃物产生量为4 519.63万吨，比上年减少0.9%；其中危险废物产生量为54.86万吨，比上年增加21.4%。湖南省属于国家重点酸雨控制区，尤其是长株潭地区，作为湖南省的经济中心和老工业基地，资源消耗和环境污染问题尤为突出①。

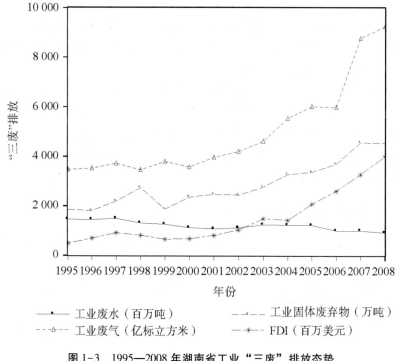

图1-3　1995—2008年湖南省工业"三废"排放态势

①　刘春光，何斌，唐小艳. 湖南省外商直接投资对环境质量影响的实证检验［J］. 商场现代化，2010（27）：99-100.

2011—2014 年，湖南省单位 GDP 能耗呈逐年下降趋势，分别下降 3.68%、6.87%、4.71% 和 6.24%，2014 年能源消费三次产业结构比例由 2013 年的 4.6：64.4：17.7 调整为 4.5：63.1：18.9；规模工业增加值能耗累计下降 38.4%，年均下降 11.4%，以较少的能源消耗支撑了较快的经济增长。

综上所述，"湖南智造"是在湖南制造业存在核心技术少、自主创新能力不强、国际竞争力不强、品牌培育发展滞后、人才后备不足等现实背景下提出来的。

第二节 "湖南智造"战略内涵

我国"制造强国"的内涵可以从三个方面来理解：第一，规模与效益并举。"制造业规模壮大、产业质量高"是制造强国的一大特征，全球新格局下的制造强国既要追求规模又要注重质量。第二，在国际分工中地位高，竞争力强。一个国家的高技术产业和服务型制造产业所占比重较高，并处在国际分工中产业链的高端地位，在信息技术的应用方面拥有很强的核心竞争力。第三，产业可持续发展潜力大。以强大的自主创新能力实现制造业资源节约、环境友好、绿色发展，保持持续发展的能力①。

然而，对于"湖南智造"战略内涵的界定，应该要充分考虑"湖南智造"提出的历史背景并结合湖南省情来进行分析。新一轮影响更为深远的工业革命，不仅仅影响一个国家，也同样影响一个省份或地区，这将改变世界制造业的经济形态、生产方式和竞争格局，新时代背景下，"湖南智造"的内涵可以从以下两个方面进行阐述②。

一、智能制造概念演变历程

关于智能制造（smart manufacturing）内涵的研究，起始于 20 世纪 80 年代人工智能在制造领域中的应用，发展于 20 世纪 90 年代智能制造技术、智能制造系统的提出，成熟于 21 世纪以来新一代信息技术条件下的"智能制造"。

（一）智能制造概念的提出

1998 年，美国赖特（Paul Kenneth Wright）、伯恩（David Alan Bourne）在

---

① 《中国制造 2025》解读之六：制造强国"三步走"战略［EB/OL］.（2015-05-19）.http://www.miit.gov.cn/n1146295/n1652858/n1653018/c3780688/content.html.

② 李燕. 准确把握制造强国新的时代内涵　加快构建制造强国关键支撑体系［N］. 中国经济时报，2017-12-07（4）.

《制造智能》（*Smart Manufacturing*）中对智能制造的内涵与前景进行了系统描述，他们将智能制造定义为"通过集成知识工程、制造软件系统、机器人视觉和机器人控制来对制造技工们的技能与专家知识进行建模，以使智能机器能够在没有人工干预的情况下进行小批量生产"①。在此基础上，英国技术大学威廉姆斯（Williams）教授对上述定义做了更为广泛的补充，认为"集成范围还应包括贯穿制造组织内部的智能决策支持系统"。《麦格劳-希尔科技词典》将智能制造界定为采用自适应环境和工艺要求的生产技术，最大限度地减少监督和操作，制造物品的活动。

（二）智能制造概念的发展

20世纪90年代，智能制造的研究得到美、日、欧等发达工业化国家和地区的重视，它们针对智能制造技术（IMT）和智能制造系统（IMS）开展国际合作研究。在1991年，美、日、欧联合发起"智能制造国际合作研究计划"，在计划中给出了智能制造的概念，认为"智能制造系统是一种在整个制造过程中贯穿智能活动，并将这种智能活动与智能机器有机融合，将整个制造过程从订货、产品设计、生产到市场销售等各个环节以柔性方式集成起来的能发挥最大生产力的先进生产系统"②。

（三）智能制造概念的深化

21世纪以来，随着大数据、物联网、云计算等新一代信息技术的快速发展和普遍应用，智能制造有了新的含义，即新一代信息技术条件下的智能制造。2010年9月，在美国华盛顿举办的"21世纪智能制造的研讨会"指出，智能制造是对先进智能系统的强化应用，它能使新产品被迅速制造，使产品需求的动态响应以及对工业生产和供应链网络的实时优化成为可能。在德国推出的"工业4.0"战略中，虽然没有十分明确地给出智能制造的概念，但还是包含了智能制造的相关内涵，如将企业的机器、存储系统和生产设施融入虚拟网络——信息物理系统（CPS）。在制造系统中，这些虚拟网络——信息物理系统包括：智能机器、存储系统和生产设施。信息物理系统能够相互独立地自动交换信息、触发动作和控制③。

2015年，我国工业和信息化部对智能制造给出的定义是："智能制造是基于新一代信息技术，贯穿设计、生产、管理、服务等制造活动各个环节，具有信息深度自感知、智慧优化自决策、精准控制自执行等功能的先进制造过程、

① 方毅芳. 智能制造技术与标准化体系发展趋势分析 [J]. 中国仪器仪表, 2018 (3): 21-26.
② 徐伟峰. 埃美柯阀门车间智能制造系统改造方法研究 [D]. 宁波: 宁波大学, 2017.
③ 孙文峻. 压铸车间智能制造系统关键技术的研究与系统开发 [D]. 杭州: 浙江大学, 2017.

系统与模式的总称。"①

综上所述，智能制造是在生产制造中充分地将新一代信息技术，如物联网技术、大数据技术、云计算技术等，同先进的自动化技术、传感技术、控制技术、数字制造技术进行有机融合，实现高生产效率，能够对车间和企业内部更有效地、实时地进行管理，使企业与企业之间的沟通更加顺畅。本书主要关注智能制造给产业结构、企业需求与高职人才培养所带来的巨大冲击和影响。

二、"湖南智造"战略内涵界定

"湖南智造"战略中"智"是指智能，"造"是指制造，"湖南智造"战略强调了湖南制造是以智能制造为主攻方向的。智能制造是基于新一代信息通信技术与先进制造技术深度融合，贯穿于设计、生产、管理、服务等制造活动的各个环节，具有自感知、自学习、自决策、自执行、自适应等功能的新型生产方式②。智能制造具有以智能工厂为载体、以关键制造环节智能化为核心、以端到端数据流为基础、以网络互联为支撑等特点。智能功能包括资源要素、系统集成、互联互通、信息融合和新兴业态五个层次。

（一）"湖南智造"战略以智能制造为主攻方向

我国前工业和信息化部部长苗圩提出智能制造日益成为未来制造业发展的重大趋势和核心内容，也是加快发展方式转变、促进工业向中高端迈进、建设制造强国的重要举措，也是新常态下打造新的国际竞争优势的必然选择③。

《湖南省贯彻〈中国制造 2025〉建设制造强省五年行动计划（2016—2020年）》指出围绕加快制造强省建设，全面推进"1274"行动，即加快发展 12 大重点产业，大力实施 7 大专项行动，着力打造制造强省 4 大标志性工程，不断加快转型升级步伐，努力实现不同时期、不同领域制造强省建设的新突破。由表 1-5 可知，"湖南智造"主要体现在以在线监测、远程诊断和云服务为代表的智能服务，无人化柔性焊装车间、民爆物品智能生产线、无人化铸造车间、高端医药制造自动化生产线、鞭炮制造自动化生产线、智能化物流车间等生产系统、智能制造的咨询体验，软件产品应用、机器换人、电子商务、工业互联网、云计

---

① 中华人民共和国工业和信息化部. 工业和信息化部启动 2015 年智能制造试点示范专项行动 [EB/OL]. http://www.miit.gov.cn/n1146285/n1146352/n3054355/n3057585/n3057589/c3590704/content.html

② 欧阳劲松，刘丹，杜晓辉. 制造的数字化网络化智能化的思考与建议 [J]. 仪器仪表标准化与计量, 2018 (2)：1-6.

③ 赵晓辉，刘开雄. 46 个项目入选 2015 年智能制造试点示范项目名单 [J]. 中国职工教育, 2015 (10)：23.

算、大数据等的信息化服务，新材料、新一代信息技术、绿色制造等方面。

表 1-5　湖南制造强省建设"1274"行动①

12 大重点产业	7 大专项行动	4 大标志性工程
先进轨道交通装备、工程机械、新材料、新一代信息技术产业、航空航天装备、节能与新能源汽车等制造、电力装备、生物医药及高性能医疗器械、节能环保、高档数控机床和机器人、海洋工程装备及高技术船舶、农业机械	制造业创新能力建设工程、智能制造工程、工业强基工程、绿色制造工程、中小企业"专精特新"发展工程、制造+互联网+服务工程、高端装备创新工程	标志性产业集群、标志性产业基地、标志性领军企业、标志性品牌产品

（二）"湖南智造"战略是制造业与现代生产性服务业融合的纽带

新时代的"智造"强省应该是制造业与现代生产性服务业有机融合发展，这也是制造强国的重要标志。现代生产性服务业是制造业重要的中间投入部门，现代生产性服务业的专业化、集聚化、智能化、高端化发展可以提升制造业在价值链中的地位，提高制造业的价值。生产性服务业涉及农业、工业等产业的多个环节，具有专业性强、创新活跃、产业融合度高、带动作用显著等特点，是全球产业的战略制高点。国家发展改革委产业协调司副司长夏农介绍，近年来，发达国家依靠研发设计、商务服务、市场营销等生产性服务业领域的领先优势，主导着全球生产网络和产品价值链。全球生产制造服务化发展趋势日益明显②。

（三）"湖南智造"战略的内在要求是绿色制造

要建设制造强国，必须在发展理念、发展模式、产业结构和资源利用方面适应和协调绿色发展的要求，建成绿色制造。始终坚持可持续发展作为建设制造强国的重要着力点。促进生产绿色化，大力发展和推动清洁能源的应用；促使管理绿色化，引进数字化高科技设备进行线路铺设，通过工业以太网对工厂每个用电单位的能源使用量进行实时数据收集，集中统计到信息化平台，并定时对数据报表进行分析，发现潜在的能源浪费点，以便管理人员采取有针对性的改善措施，减少能源浪费，实现透明化与动态管理，在厂区推进敏捷型数字

---

① 湖南省人民政府. 湖南省贯彻《中国制造 2025》建设制造强省五年行动计划（2016—2020 年）: 湘政发〔2015〕43 号［Z］. 2015-11-12.

② 陈炜伟，陈翰哲. 新闻背景: 生产性服务业的"前世今生"［EB/OL］.（2014-08-06）［2018-06-06］. 中央政府门户网站.http://www.gov.cn/xinwen/2014-08/06/content_2731151.htm.

工厂建设，并以循环、低碳、节能减排等绿色理念完善生产者的责任延伸制度，让绿色管理无处不在；实现产品绿色化，使生产出来的产品体现绿色、低碳、清洁、环保的产品理念，促进制造业的绿色转型升级，完善覆盖整个制造业产业链的绿色制造体系，促进制造业的持续健康发展①。

《湖南省贯彻〈中国制造2025〉建设制造强省五年行动计划（2016—2020年）》提出构建绿色制造体系。支持企业开发绿色产品，推行生态设计理念，强化产品全生命周期绿色管理，显著提升产品节能环保低碳水平，引导社会采购绿色产品，促进绿色生产和绿色消费，努力构建高效、清洁、低碳、循环的绿色制造体系。建设绿色工厂，实现厂房集约化、原料无害化、生产洁净化、废物资源化、能源低碳化。发展绿色园区，推进国家低碳工业园区试点示范，加快试点园区重点用能行业低碳化改造，培育一批低碳企业，实现园区资源循环利用和综合利用。大力推进清洁生产，紧密结合湘江保护和治理"一号重点工程"，以长株潭及湘江流域为重点区域，以冶金、有色、化工、建材等排放较大行业为重点对象，全面推行工业企业清洁生产审核②。

（四）"湖南智造"是促进湖南产业结构调整优化的战略

我国作为"世界工厂"，制造业结构失衡，主要表现为中低端产品远远多于高端产品，无核心技术，无创新驱动，管理模式落后，制造业人均产出水平远远落后于发达国家，制造业技术开发水平相对落后，制造业企业组织结构和产业集中度低的矛盾十分突出，管理水平与发达国家相比仍有较大差距等。如今是大数据智能时代，应使"制造"变为"智造"，通过"互联网+"制造业为制造业注入高新技术，进而提高其国际竞争力。

不断调整优化结构，促进产业集聚发展。第一，发展一批标志性产业集群。提升新一代信息技术产业、航空航天装备、节能与新能源汽车等汽车制造、电力装备、生物医药及高性能医疗器械、节能环保装备等产业在细分领域的竞争能力，加快高档数控机床和机器人、海洋工程装备及高技术船舶、农业机械装备等产业化步伐。第二，打造一批标志性产业基地。坚持特色化、差异化发展，依托现有国家级经济开发区、高新区和省级产业园区（工业集中区），国家级、省级新型工业化产业示范基地，通过省市共建、加大投入、完善服务等措施，促进产业、知识技术、人才和服务向基地集聚。第三，壮大一

---

① 绿色制造怎么"造"？且看战略三步走[EB/OL].（2018-03-24）[2018-09-06].http://sh.qihoo.com/ pc/9a9e4644983b06caf? cota=4&tj_url=so_rec&sign=360_e39369d1&refer_scene=so_1.

② 湖南省人民政府.湖南省贯彻《中国制造2025》建设制造强省五年行动计划（2016—2020年）：湘政发〔2015〕43号[Z].2015-11-12.

批标志性领军企业。实施大企业大集团战略，做强一批有一定优势的重点企业，引进一批国内外龙头企业，壮大一批有发展潜力、成长性好的创新型企业，培育一批引领行业发展、具有国际竞争力的跨国集团，打造50家左右能够参与全球竞争和区域竞争、行业领先的产业领军企业，形成2家以上主营业务收入过千亿元的大企业。第四，培育一批标志性品牌产品。完善品牌培育机制，加大品牌培育力度。大力开展"知名品牌创建示范区建设"，推进地理标志产品保护与发展，打造一批特色鲜明、竞争力强、市场信誉好的制造业产业集群区域品牌。第五，优化产业区域发展布局。推动长株潭地区高技术含量、高附加值、高带动性的资本密集型和智力密集型产业发展，将长株潭地区打造成以先进轨道交通装备、中高端工程机械、新一代信息技术、新材料和中小航空等为重点的全国一流、世界先进的制造业集聚地。以衡阳市、郴州市、永州市等为重点，推动湘南地区以电子信息、电工电器等产业为重点，积极承接产业转移、加快自主创新，形成一批链条完整的优势产业集群①。

（五）"湖南智造"是推动湖南产品向湖南品牌转变的法宝

在经济全球化时代，好的品牌可以代表一个国家的信誉和形象，彰显一个国家的核心竞争力。与国际先进水平国家相比，我国企业品牌数量多，在世界品牌500强名单中，我国品牌从2006年的6个增长到2014年的29个，但我国制造业品牌市场认可度较低，品牌附加值低，竞争力弱。例如，2012年我国约出口10亿部手机，但90%的利润被苹果、三星赚去，我国靠廉价劳动力只能赚得1%的利润。在全球最大品牌咨询机构Inter-brand发布的2013年全球最佳百大品牌排行榜中没有我国企业的身影。

湖南省开展工业品牌建设试点示范，每年培训50名品牌经理、培育10家左右"湖南省工业品牌建设示范企业"，鼓励和支持企业创建"全国工业品牌培育示范企业"，形成一批具有核心竞争力和国内外影响力的品牌企业。支持企业追求卓越品质，形成具有自主知识产权的名牌产品，不断提升企业品牌价值，推动湖南产品向湖南品牌转变。围绕轨道交通、工程机械、电力装备等重点产业领域，培育50个产品质量、性能达到国际或国内先进水平、拥有核心技术和自主知识产权、美誉度高、具有较强竞争力的标志性品牌产品②。

---

① 湖南省人民政府. 湖南省贯彻《中国制造2025》建设制造强省五年行动计划（2016—2020年）：湘政发〔2015〕43号〔Z〕. 2015-11-12.

② 湖南省人民政府. 湖南省贯彻《中国制造2025》建设制造强省五年行动计划（2016—2020年）：湘政发〔2015〕43号〔Z〕. 2015-11-12.

（六）"湖南智造"应有利于促进"一带一部"战略和"一带一路"倡议实施

2013年11月，习近平总书记来湖南考察时指出："一带一部"战略中提出湖南要发挥作为东部沿海地区和中西部地区过渡带、长江开放经济带和沿海开放经济带结合部的区位优势，抓住产业梯度转移和国家支持中西部地区发展的重大机遇，提高经济整体素质和竞争力，加快形成结构合理、方式优化、区域协调、城乡一体的发展新格局。要紧紧抓住产业梯度转移、空间梯度开发、开放梯度推进和对接国家战略的历史机遇，大力推进制造强省建设和20个工业新兴优势产业链行动计划，实现产业链、创新链、资金链有效嫁接、深度融合，补齐湖南省项目总量不多、质量不高、基础建设项目偏多、产业项目偏少的短板，推动湖南实现高质量发展①。"一带一路"的提出对湖南制造业的发展具有战略意义。一方面湖南可以把优势制造业转移出口；另一方面湖南可以利用长沙作为内陆开放型经济高地的区位优势，积极引进外资，发展以长株潭为核心的制造产业研发中心，并以此为基础在全省范围内推动制造产业的优化升级。优势产能的转移与省内制造业的结构优化同时进行，保证了制造业的健康发展，也是新常态下湖南省经济持续健康发展的保障②。

第三节　"湖南智造"战略成效

一、智能制造产业的优势逐步凸显

从制造到智能制造，湖南已具备产业优势。除工程机械、轨道交通在全球占有一席之地外，湖南还拥有新能源汽车及汽车新品种、高档数控装备、大型冶金和矿山设备、航空装备等优势产业。中联重科、三一重工、南车株机、衡阳特变等大批企业，彰显了湖南制造的实力。从制造到智能制造，湖南坐拥创新引擎。国务院2015年批复长株潭建设国家自主创新示范区，打造创新驱动发展引领区、科技体制改革先行区、军民融合创新示范区、中西部地区发展新的增长极，将为湖南制造插上创新的翅膀。从制造到智能制造，湖南正迎来千载难逢的历史机遇。实施"中国制造2025"，国家将采取财政贴息、加速折旧

---

① 坚持"一带一部"战略定位 [N].湖南日报，2018-07-30（1）.
② 李欢欢，付程程.中国制造2025背景下湖南制造业优化升级研究 [J].企业导报，2015（20）：49-50.

等措施，推动传统产业技术改造，支持企业兼并重组等。只要我们主动对接政策，促进工业化和信息化深度融合，开发利用网络化、数字化、智能化等技术，完全可以在一些关键领域抢占先机、取得突破，实现由量的扩展到质的裂变①。

二、智能制造试点和示范引领全国

长沙市 2016 年获批"中国制造 2025"试点示范城市、"国家产融合作试点城市"，三一重工和华曙高科已列为国家第一批智能制造试点示范项目。湖南省已有 21 个列入工信部智能制造专项的项目，总投资 48.8 亿元，获国家补贴资金支持 2.58 亿元。如中车株洲电力机车有限公司的转向架智能制造项目部分已试运行，成为全球首个转向架智能制造车间，整个车间有 11 条数字化生产线，投产后产品生产周期效率可提升 30% 以上，质量损失率降低 10%。湖南省已被认定为省级智能制造示范企业的有 25 家、示范车间 20 个，市级示范企业上百家。其中，三一集团、红太阳光电、威胜集团等 9 家湘企，成为全国智能制造试点示范。三一重工 18 号厂房，被誉为"在公园里生产泵车"，成为中国工程机械的样板工程；博世长沙打造的工业 4.0 示范工厂，"万物互联"打破信息壁垒，提供了智能制造系统解决方案；蓝思科技的自产并联机器人，0.8 秒完成一个拾取动作，"能准确拾取人的头发"。另外，还有加加酱油的发酵食品数字化工厂、梦洁的家纺智能工厂、同丰粮油的全自动化稻谷收储及加工处理系统；中联重科推出的 4.0 系列产品，实现"自诊断、自调整、自适应"。其中一款 4.0 汽车起重机，综合起重能力提升，节油达 20%，精准吊装能力更强，不仅受到国内客户青睐，还成功征战海外市场，参与沙特等国基础设施建设②。

三、"湖南智造"名片在全球初具影响

湖南装备工业包含的 14 个子产业中，工程机械、轨道交通优势特色最为明显，已成为"湖南智造"走向世界的典型代表。工程机械是湖南全力打造的一块金字招牌，长沙已具备成为"世界工程机械之都"的潜质。本土成长起来的三一重工、中联重科等工程机械龙头企业，将混凝土输送泵、混凝土泵车、履带起重机等产品的研制一步步推至世界前沿水平，斩获了多个世界之

① 柳德新. 从"湖南制造"到"湖南创造"[N]. 湖南日报，2015-04-18 (1).
② "湖南智造"强势崛起 9 家企业列入全国智能制造试点示范 [J]. 中国产经，2018 (6)：90-91.

最，为湖南乃至中国赢得了荣誉。轨道交通装备是湖南继工程机械之后的又一标志性产业。株洲电力机车产品已占领全球27%的市场，市场份额居全球第一，所产电力机车、城轨车辆、铁路货车等轨道交通产品出口到70多个国家和地区①。2018年，长沙工程机械整体产值达1 660亿元，全球工程机械50强有4强在长沙，全国前5强中长沙占据三席。2018年5月15—18日举办的长沙2019国际工程机械展览会，有1 150家中外企业参展，囊括了24家全球工程机械50强主机企业、14家世界500强配套件企业，国际展商比重超过22%，现场订单和采购金额超过200亿元。

第四节　"湖南智造"战略要求

一、人才培养对实施"湖南智造"战略的重要性

实现"湖南智造"的战略目标，关键在人才。当前，我国经济发展进入新常态，制造业发展面临资源环境约束不断强化、人口红利逐渐消失等多重因素的影响，人才是第一资源的重要性更加凸显。面对新的形势和挑战，必须把制造业人才发展摆在更加突出的战略位置，加强顶层设计，发挥资源优势，抓好体制机制改革，强化人才队伍基础，补齐人才结构短板，优化人才发展环境，充分发挥人才在制造强国建设中的引领作用②。

教育部、人力资源和社会保障部、工业和信息化部联合发布的《制造业人才发展规划指南》中提出："到2020年，形成与制造业发展需求相适应的人力资源建设格局，培养和造就一支数量充足、结构合理、素质优良、充满活力的制造业人才队伍，基本确立建设制造强国的人才优势，为实现中国制造'三步走'战略目标奠定坚实的人才基础。"③

《中国制造2025》第一次从国家战略层面描绘建设制造强国的宏伟蓝图，并把人才作为建设制造强国的根本，对人才发展提出了新的更高要求。提高制造业创新能力，迫切要求着力培养具有创新思维和创新能力的拔尖人才、领军人才；强化工业基础能力，迫切要求加快培养掌握共性技术和关键工艺的专业

---

①　刘训. 打造湖南制造新名片［J］. 新湘评论, 2016（12）: 20-21.

②　中华人民共和国工业和信息化部. 制造业人才发展规划指南［EB/OL］.（2016-12-27）http://www.miit.gov.cn/n1146295/n1652858/n1652930/n3757016/c5500114/content.html.

③　中华人民共和国工业和信息化部. 制造业人才发展规划指南［EB/OL］.（2016-12-27）http://www.miit.gov.cn/n1146295/n1652858/n1652930/n3757016/c5500114/content.html.

人才；信息化与工业化深度融合，迫切要求全面增强从业人员的信息技术应用能力；发展服务型制造，迫切要求培养更多复合型人才进入新业态、新领域；发展绿色制造，迫切要求普及绿色技能和绿色文化；打造"中国品牌""中国质量"，迫切要求提升全员质量意识和工匠精神等。

二、高职"智造"型人才的供给与需求现状

21 世纪以来，党和国家深入实施人才强国战略，推动我国由人力资源大国迈进人才强国行列，制造业人才队伍建设取得了显著成绩，有力地支撑了制造业持续快速发展。一是制造业人才培养规模位居世界前列。如 2015 年，我国高等学校本科工科类专业点数约 1.6 万个，工科类专业本科在校生 525 万人、研究生在校生 69 万人；高等职业学校制造大类专业点数约 6 000 个，在校生 136 万人；中等职业学校加工制造类专业点数约 1.1 万个，在校生 186 万人。二是制造业人力资源结构逐步优化。2015 年，我国制造业规模以上企业人力资源总量 8 589 万人，专业技术人员 809 万人。装备制造业规模以上企业人力资源总量近 1 794 万人，据不完全统计，其中人才总量近 736 万人，具有大学本科和研究生学历的人员分别占人才总量的 29% 和 2%[1]。三是制造业人才聚集高地初步形成。以院士、科技创新领军人才为代表的制造业高端人才队伍逐步壮大，形成了一批国际领先的重点学科、实验室、工程中心等，在科技创新、重大项目攻关等方面发挥了重要作用。四是制造业人才发展环境逐渐改善。重在行业和社会认可的人才评价机制初步建立，有利于制造业人才成长和发挥作用的政策与社会环境正在形成[2]。麦肯锡调查报告显示，"到 2020 年，中国将需要 1.42 亿高技能人才，若劳动者的技能不提升，中国将面临 2 400 万的人才缺口。其中 3D 设计、电子等核心技术，缺口最大"[3]。

但是，制造业人才队伍建设还存在一些突出问题。一是制造业人才结构性过剩与短缺并存，传统产业人才素质提高和转岗转业任务艰巨，领军人才和大国工匠紧缺，基础制造、先进制造技术领域人才不足，支撑制造业转型升级能力不强。如表 1-6 所示，根据预测，我国制造业十大重点领域人才需求缺口大，新一代信息技术产业、高档数控机床和机器人、节能与新能源汽车、电力

---

① 于志晶. 为建设制造强国提供坚实人才支撑：《制造业人才发展规划指南》学习体会[J]. 职业技术教育，2017，38 (6)：11-15.

② 中华人民共和国工业和信息化部. 制造业人才发展规划指南[EB/OL]. (2016-12-27). http://www.miit.gov.cn/n1146295/n1652858/n1652930/n3757016/c5500114/content.html.

③ 孟春青. 高等职业教育如何应对"工业 4.0"人才需求[J]. 教育探索，2015 (8)：49-51.

装备和新材料在未来的 5 年内人才十分紧缺。二是制造业人才培养与企业实际需求脱节，产教融合不够深入，工程教育实践环节薄弱，学校和培训机构基础能力建设滞后。三是企业在制造业人才发展中的主体作用尚未充分发挥，参与人才培养的主动性和积极性不高，职工培训缺少统筹规划，培训参与率有待进一步提高。四是制造业生产一线职工，特别是技术技能人才的社会地位和待遇整体较低，发展通道不畅，人才培养培训投入总体不足，人才发展的社会环境有待进一步改善。这些问题制约着我国制造业的转型升级，必须通过深化改革创新尽快加以解决①。

表 1-6　我国制造业十大重点领域人才需求　　单位：万人

序号	十大重点领域	2015 年	2020 年		2025 年	
		人才总量	人才总量	人才缺口	人才总量预测	人才缺口预测
1	新一代信息技术产业	1 050	1 800	750	2 000	950
2	电力装备	822	1 233	411	1 731	909
3	高档数控机床和机器人	450	750	300	900	450
4	新材料	600	900	300	1 000	400
5	节能与新能源汽车	17	85	68	120	103
6	航空航天装备	49.1	68.9	19.8	96.6	47.5
7	生物医药及高性能医疗器械	55	80	25	100	45
8	农机装备	28.3	45.2	16.9	72.3	44
9	海洋工程装备及高技术船舶	102.2	118.6	16.4	128.8	26.6
10	先进轨道交通装备	32.4	38.4	6	43	10.6

三、"湖南智造"战略对高职人才的新诉求

（一）湖南省高职人才对接产业的现状

"十三五"期间，湖南省高职院校为对接高端装备、绿色低碳、生物、数

---

① 中华人民共和国工业和信息化部. 制造业人才发展规划指南［EB/OL］.（2016-12-27）.ht-tp://www.miit.gov.cn/n1146295/n1652858/n1652930/n3757016/c5500114/content.html.

字创意、新材料、新一代信息技术六大战略性新兴产业，优化高职专业布局，新增储能材料技术、虚拟现实应用技术等22个新专业。截至2018年年底，对接六大战略性新兴产业的专业数达到349个，占专业总数的80.79%；专业点数达到1 341个，占专业点总数的79.54%。具体来说，对接高端装备产业开设的高职专业点数为414个，占专业点总数的24.56%；对接数字创意产业开设的高职专业点数为297个，占专业点总数的17.62%；对接新一代信息技术产业开设的高职专业点数为288个，占专业点总数的17.08%；对接绿色低碳产业开设的高职专业点数为182个，占专业点总数的10.79%；对接生物产业开设的高职专业点数为150个，占专业点总数的8.9%；对接新材料产业开设的高职专业点数为10个，占专业点总数的0.59%。

根据《湖南省高等职业教育质量年度报告》中的数据（见表1-7），湖南省对接战略性新兴产业的学生培养总人数为437 900人，占当年在校生总人数的78.14%。可以看出，对接高端装备产业的学生培养人数为126 759人，排第一，占当年在校生总人数的比例为22.62%，2018级比2017级学生培养人数增加12.82%；对接新一代信息技术产业的学生培养人数为90 744，占当年在校生总人数的比例为16.19%，2018级比2017级学生培养人数增加15.79%；对接生物产业的学生培养人数为89 442，占当年在校生总人数的比例为15.96%，2018级比2017级学生培养人数增加9.79%；对接数字创意产业的学生培养人数为86 789，占当年在校生总人数的比例为15.49%，2018级比2017级学生培养人数增加16.80%；对接绿色低碳产业的学生培养人数为41 067，占当年在校生总人数的比例为7.33%，2018级比2017级学生培养人数增加20.44%；对接新材料产业的学生培养人数为3 099，占当年在校生总人数的比例为0.55%，2018级比2017级学生培养人数增加30.28%。

表1-7 2019年学生培养人数与战略性新兴产业对接情况

序号	产业名称	学生人数 /人	占在校生 总人数比例 /%	比2018年 递增比例 /%
1	高端装备	126 759	22.62	12.82
2	新一代信息技术	90 744	16.19	15.79
3	生物	89 442	15.96	9.79
4	数字创意	86 789	15.49	16.80
5	绿色低碳	41 067	7.33	20.44

表1-7(续)

序号	产业名称	学生人数/人	占在校生总人数比例/%	比2018年递增比例/%
6	新材料	3 099	0.55	30.28
7	合计	437 900	78.14	14.40

资料来源：湖南省高等职业教育质量年度报告（2019）。

（二）智能制造时代对高职人才的新要求

"中国制造2025"是工业4.0的中国化，如表1-8所示，从工业1.0到工业4.0，制造业的生产方式、劳动分工、劳动内容、技术革新等都发生了很大的变化，这无疑将改变相应工作岗位对从业者的不同要求，智能制造阶段对人才提出的新诉求是：发展性、复合型和创新性。智能制造时代，对人才诉求的变化使高职教育面临新的挑战，倒逼人才培养模式调整。高职人才培养更要强调对学生的基础知识、基础能力与实践能力、创新能力的培养，也要强调基础化、综合化、个性化、实践化，形成通识教育、终身学习基础上的专业教育人才培养新模式[1]。

表1-8 工业1.0到工业4.0制造业工作岗位的特征变化[2]

内容	工业阶段			
	工业1.0	工业2.0	工业3.0	工业4.0
时间阶段	19世纪60年代—20世纪60年代	20世纪60年代—20世纪中期	20世纪中期—21世纪初	21世纪初至今
主要标志	水力和蒸汽机	电力和电动机	电子计算机等领域	物联网、大数据等
时代名称	蒸汽时代	电气时代	信息时代	智能制造时代
工业化水平	工业机械化、机器替代手工	工业电气化、流水线批量生产	工业自动化、替代手动	工业智能化、个性化替代标准化
生产方式	单件生产	大量流水线生产	精益生产	智能化生产

---

① 李立国.工业4.0时代的高等教育人才培养模式［J］.清华大学教育研究，2016（1）：6-15，38.

② 曹院平，宋颖.面向工业4.0背景下的高等教育人才培养模式变革［J］.教育观察，2018，7（15）：53-56.

表1-8(续)

内容	工业阶段			
	工业1.0	工业2.0	工业3.0	工业4.0
劳动分工	无分工	分工精细	有限分工	专业化分工
劳动内容	产品设计与制造全过程	单一工位操作	多个工位；大工种操作	一体化的生产系统
劳动工具	手工工具	机械化工具	机械化、电动化工具	计算机、机器人、数控机床等
劳动组织	计划和生产；脑力与体力一体；自我组织	计划与生产、脑和手分离；管理层级复杂	小组完成模块任务；垂直管理，层级减少	供应链范围内的组织扁平网结构
质量控制	生产和控制并行，主观的质量标准	无须质量控制，质量标准客观	质量控制；企业范围内有质量标准	质量控制；区域范围内有质量标准
技术革新	优化和革新工艺流程	无	部分工艺流程优化革新	完整模块构件的工艺流程化革新
劳动者特点	全能工（技术技能合一）	单能工（技能型）	多能工（技术技能团队）	知识工人（技术技能合一）

1. 具备发展性

知识化是当代高技能人才的典型特征之一。智能制造背景下，新科技、新技术的更新速度非常快，智能制造阶段所需的人才不仅要接受现有知识，而且能够不断学习新知识。例如，目前电子数据处理和工艺知识方面的新技术利用期仅为1~3年。在知识和技术日新月异的今天，高职院校的人才培养应走在时代的前沿，培养能适应新技术革命，驾驭日益复杂的新技术技能，能引领或促进社会发展的高级技能人才[1]。随着科技的发展，岗位的专业素养和知识技能要求也在不断变化，所以企业更看重的是员工的学习能力和可持续发展能力[2]。劳动者需要很强的适应能力，具备一定的职业迁移能力，即能够迅速地将所学知识和技能迁移于新环境中，能够迅速地更新知识以适应新职业的

---

[1] 孟春青."工业4.0"时代高职院校人才培养模式探析 [J]. 教育教学论坛，2016（39）：250-252.

[2] 岩淑霞. 工业4.0背景下电气自动化技术人才培养模式探析 [J]. 广东交通职业技术学院学报，2018，17（2）：89-91.

要求①。

随着现代科学技术的迅速发展，新知识、新工艺、新技术和新方法层出不穷，它们也被大量用于生产中。工作岗位职责越来越丰富，技术更新替换速度更快，出现了大量新知识、新职业和新型工作岗位，将一次性职业教育转到终身性职业教育。高职人才的发展性是指为适应职业需求的变化，这种人才能够通过自我的学习获得既能满足就业的职业需求，又能满足社会、职业迁移及个人发展需求，还能保持个人协调、持久发展的能力②。

2. 具备复合性

智能制造是信息与工业结合的高度智能化，它彻底改变了传统的车间生产模式，使传统单一的一线工作技术、技能操作人员不复存在，智能机器、复合型劳动者将登上智能时代的舞台③。例如，在工业化早期阶段，制造业的高技能人才大多是技能单一、操作熟练的工匠。在工业后期或信息时代，制造业的高技能人才必须是熟练掌握计算机应用知识，并使用复杂数控程序的复合型人才。智能制造最直接的表现是"智能工厂"和"智能生产"，在整个经济社会中则表现为智能化生产、智能化管理和智能化服务，人类社会进入智能化时代。为了主动适应时代的发展变化，职业教育需要进行如下变革：观念转型，将一次性职业教育转到终身性职业教育；发展战略转型，从着眼于区域转到面向全球；培养目标转型，从培养单一型技能人才转到培养复合型高技能人才④。智能制造带来新兴学科的发展、岗位分工的重构与整合，社会迫切需要有跨学科视野、跨界思维以及多专业融合能力的复合型人才⑤。

智能制造所需人才的复合性是指具有扎实的理论基础、掌握两门以上专业知识、精通多种技术技能，并能综合运用创新思维对多个专业领域和交叉学科进行较深入研究的人才。复合人才强调知识、能力和素质三方面的综合，具有较强的适应能力和应变能力。复合包括理论与实践、自然科学与社会科学、思维能力与动手能力、理智与情感等方面的复合。复合人才追求事业心、责任

① 王培，耿冬茹，刘志军. 工业 4.0 背景下高职教育人才培养模式改革的新思维：产业链与专业链的对接与融合 [J]. 河北软件职业技术学院学报，2016，18（1）：27-30.

② 王傲冰，张海燕，赵良伟，等. 技术技能型人才的可持续发展能力培养研究 [J]. 邢台职业技术学院学报，2018，35（2）：40-41，49.

③ 郭英英，刘洋. 工业 4.0 背景下职业教育人才培养模式创新研究 [J]. 教育与职业，2018（4）：45-48.

④ 陆启光. 基于"工业 4.0"的职业教育转型 [J]. 职教论坛，2015（16）：4-9.

⑤ 维奇. 契合"工业 4.0"发展机遇创新工学结合人才培养模式 [J]. 高等职业教育（天津职业大学学报），2018，27（3）：52-55.

感、诚信、守法团队精神等综合素质的提高①。

3. 具备创新性

智能制造时代，劳动者要具有与先进制造技术相适应的知识、技术和技能，在生产过程中的角色要从传统的服务者、操作者转变为规划者、协调者、评估者、决策者和设备的维护者。数字化技术使得资本不再是稀缺资源，创新型人才是最稀缺的资源，那些具有创新精神并创造出新产品、新技术和新服务的人才是智能制造的主要支配力量，创新型人才比以往任何时候都重要②。实体企业更加注重人才的创新思维能力、数据分析能力和敏锐反应能力③。

智能制造时代的到来，新技术、新工艺、新设备、新材料层出不穷，现场工作环境复杂多变，关键岗位创造性主要表现为相关技术领域中的创新能力，如工艺革新、技术改良、流程改革以及发明创造。现代设备的高度机械化、自动化以及中、高端技术问题的解决，需要操作人员具备更加高超的动手能力。这种动手能力不再是传统的"手艺""绝活"，而是利用心智技能的创造性活动，是现代技术和经验技艺的整合，是动手能力和动脑能力的综合，是专业知识和专业技能的整合。

智能制造所需的创新型人才是指具有创新意识、创新精神、创新能力、创新品质和人格等几方面素质的人才。21世纪教育委员会提出了创新型人才的七条标准：第一，有积极进取开拓精神；第二，有崇高的道德品质和对人类的责任感；第三，在急剧变化的竞争中，有较强的适应能力和创造能力；第四，有宽厚扎实的基础知识，有广泛联系实际和解决实际问题的能力；第五，有终身学习的本领，适应科学技术综合化的发展趋势；第六，有丰富多彩的个性；第七，具有和他人协调及进行国际交往的能力④。

综上所述，无论是从"湖南智造"战略背景分析，还是从"湖南智造"对高职人才的新需求、新要求分析，都可以看出，"智造"型人才急需且紧缺，以深化产业与教育融合为抓手，构建一个能对接制造强国战略所需的人才培养模式，提升人才服务先进制造业发展的能力意义重大，任务紧迫。

---

① 别文群，王玫瑰. 高职复合创新型技术技能人才培养模式的探索 [J]. 济南职业学院学报，2015 (4)：16-19.

② 温贻芳，江建春. 企业视角：工业4.0背景下高职制造类专业人才的新需求与培养 [J]. 职教论坛，2016 (21)：46-49.

③ 徐兰，徐婷. 工业4.0背景下高职教育人才培养模式创新研究 [J]. 职业技术教育，2017, 38 (16)：34-38.

④ 路明，朱永生. 大学创新教育对创新型人才培养的重要性 [J]. 中外企业家，2010 (6)：73-74.

第二章　高职"双元双创"人才培养模式理论分析

职业教育应服务地方经济的发展，对"湖南智造"的背景分析使我们明白新时代背景下经济的发展对高职人才提出了更高的要求，但模式的构建更需要厘清相关概念并打下坚实的理论基础。本章首先对国内外学者在校企合作、创新创业教育和人才培养模式方面的研究进行梳理；然后，在此基础上对本书中的几个核心概念进行界定。

第一节　相关研究综述

一、国内研究现状

（一）国内关于校企合作的研究

本书中的"双元"与校企合作有关，所以在进行概念界定和模式构建前很有必要对校企合作的研究现状进行梳理。笔者以"校企合作"为篇名在中国期刊网数据库（CNKI）上进行搜索，得到25 561条结果。从搜索结果来看，我国最早在1955年就有学者对此进行研究，2003年之前每年的研究成果很少，但2004年后研究成果开始增多，2011年到2018年研究成果最多，如2015年（3 121篇）、2016年（2 893篇）、2017年（2 562篇）、2018年（2 293篇）。纵观丰富的研究成果，我国学者对校企合作的研究主要集中在校企合作的重要性、校企合作的动机、校企合作的模式和校企合作的含义上，笔者对有代表性的观点进行整理，具体如表2-1所示。

表 2-1　国内关于校企合作的研究

研究方向	学者姓名	时间	主要观点
校企合作的重要性	吴中福①	1992 年	校企合作是推进高职教育和科学研究事业的发展、促进科技转化为生产力、振兴我国经济的必由之路
	蔡克勇②	1997 年	校企合作是现代高等学校和企业自身生存与发展的需要，是社会历史发展的一种重要趋势
	白守仁③	2003 年	校企合作对大学培养高层次人才、出高水平科研成果和为社会做出卓越贡献具有重大的推动作用，直接关系到世界一流大学建设的进程甚至成败
	杜世禄④	2004 年	校企合作是协调经济社会发展的原动力和高等教育职能拓展的牵引力
	刘希平⑤	2008 年	校企合作关系到高职院校发展路径的选择
	徐建平⑥	2008 年	校企合作是保证高职教育特色和质量的不可缺少的要素
	陶红林⑦	2008 年	校企合作为学生提供的实践活动是学生职业素质形成、发展的根源和动力，校企合作可以培养与发展学生的责任意识和义务感，为学生提供了自我教育的机会

---

① 吴中福. 加强校企合作走产学研结合之路 [J]. 中国高等教育, 1992 (10): 13-14.

② 蔡克勇. 社会历史发展的重要趋势: 论加强校企合作的重要性和紧迫性 [J]. 高等教育研究, 1997 (6): 1-5.

③ 白守仁. 校企合作对建设世界一流大学的推动作用 [J]. 高等工程教育研究, 2003 (5): 18-21.

④ 杜世禄. 五位一体校企合作打造统筹地方经济社会发展的办学模式 [J]. 教育发展研究, 2004 (7): 113-115.

⑤ 刘希平. 建设高职教育强省发力工学结合校企合作 [J]. 中国高等教育, 2008 (22): 42-44.

⑥ 徐建平. 推动校企合作搭建人才培养平台 [J]. 中国高等教育, 2008 (23): 41-42.

⑦ 陶红林. 依托校企合作实施职业素质教育 [J]. 中国高等教育, 2008 (23): 43-44.

表 2-1（续）

研究方向	学者姓名	时间	主要观点
校企合作的动机	樊恭烋①	1992 年	各方参与校企合作动力的核心是提高学生的培养质量，使其更好地满足企业需求
	黄义武②	1996 年	校企合作的三个结合点是人才、效益和互利
	周颐③	2008 年	校企合作难以顺利开展的原因体现在三个方面：组织行为与价值理念存在差异、人力资源的使用与培养差异、信息交换存在差异
	何杨勇④	2009 年	校企合作的根本问题在于如何实现个体、国家和企业三者利益的均衡
	魏寒柏等⑤	2010 年	校企合作的基础是高职院校与企业之间对资源的相互依赖，这种依赖是否具有对等性，是校企合作能否持续发展的关键
	唐国华等⑥	2014 年	从资源依赖理论出发，研究了企业与学校之间的关系
	余晓鑫、江成城⑦	2016 年	企业参与校企合作的动因分三个维度：校企合作贡献、合作伙伴关系和合作远景

① 樊恭烋. 产学合作教育是高校培养人才的有效模式 [J]. 中国高等教育, 1992 (10)：37-39.

② 黄义武. 浅析产学合作的结合点与运行机制 [J]. 高等工程教育研究, 1996 (1)：31-33.

③ 周颐. 高职产学合作教育问题研究 [J]. 教育发展研究, 2008 (13-14)：116-118.

④ 何杨勇. 高等职业教育工学结合、校企合作的制度反思 [J]. 中国高教研究, 2009 (2)：70-72.

⑤ 魏寒柏, 卢致俊, 张海峰. 破解三个难题深化校企合作 [J]. 中国大学教学, 2010 (9)：73-78.

⑥ 唐国华, 曾艳英, 罗捷凌. 基于资源依赖理论的高职教育校企合作研究 [J]. 高等工程教育研究, 2014 (4)：71-72.

⑦ 余晓鑫, 江成城. 企业参与高职院校校企合作的动因及效果分析 [J]. 广州城市职业学院学报, 2016, 10 (1)：92-96.

表 2-1（续）

研究方向	学者姓名	时间	主要观点
校企合作的模式	黄亚妮①	2006 年	有效的高职教育校企合作模式的构成应该包括校企双方的认知因子、情感因子、有效的校企合作的法律法规因子和社会与政府的协调因子，以及这些因子的有机结合和协调运作
	林伟连、邹晓东②	2010 年	产学研合作的主体包括政府、企业、高校、科研院所等，从主体参与程度的发展情况看，我国产学研合作模式呈现出从单一点式合作、链式合作向网式合作演变的趋势
	叶鉴铭③	2011 年	我国高职教育校企合作"主体"关系有"政府主体""学校主体""主体多元"和"双主体"等不同实践模式，这些模式与中国职业教育制度变迁有密切关系
	柳坤文、蔡菊④	2013 年	提出职业教育双主体、双导师、多维度、全覆盖、全过程、融入性的校企合作理念
校企合作的内涵	孙伟宏⑤	2006 年	校企合作是产学合作，是双向参与
	陈解放⑥	2008 年	校企合作是强调学校以他方为中心的办学行为；是校企双方你中有我，我中有你；是校企资源共享；是以企业需求为依据的开放式运作
	王自勤⑦	2008 年	校企合作包括校企合作教育和校企合作科研等，校企合作教育的实质是企业帮助学校培训人才
	张宇、和震⑧	2008 年	校企合作是企业和学校双方主体的一种相互选择的行为

（二）国内关于创新创业教育的研究

在中国期刊网数据库（CNKI）以"创新创业教育"为篇名，以 2008—

---

① 黄亚妮. 高职教育校企合作模式初探 [J]. 教育发展研究，2006（5）：68-73.

② 林伟连，邹晓东. 我国产学研合作转型升级趋势分析 [J]. 教育发展研究，2010（17）：74-77.

③ 叶鉴铭. 校企共同体：企业主体学校主导：兼评高等职业教育校企合作"双主体" [J]. 中国高教研究，2011（3）：70-72.

④ 柳坤文，蔡菊. 校企合作方式的多样性探索 [J]. 成人教育，2013，33（1）：100-102.

⑤ 孙伟宏. 探索校企合作模式培养优秀技能人才 [J]. 教育发展研究，2006（4）：23-25.

⑥ 陈解放. 以校企合作，工学结合为高职类型特色创新的抓手 [J]. 中国高等教育，2008（9）：49-50.

⑦ 王自勤. 高职院校校企合作的博弈分析 [J]. 中国高教研究，2008（9）：78-79.

⑧ 张宇，和震. 职教培养模式转变的路径及推进策略：基于校企合作的工学结合的分析 [J]. 教育发展研究，2008（21）：11-15.

2018 年为时限进行搜索，发现创新创业教育的研究主要集中在 2015 年到 2018 年，如 2015 年（799 篇）、2016 年（1 591 篇）、2017 年（2 293 篇）、2018 年（2 856 篇）。在现有的文献资料中，国内对创新创业教育的研究主要围绕以下几个方面：第一，创新创业教育的内涵界定；第二，创新创业教育在人才培养中的重要性；第三，如何进行人才培养或教学改革，培养创新创业人才；第四，创新创业教育效果的评价。林文提出创新创业教育是为了使学生具备创业的技能、具备创业的精神和创业所需的意识，可以通过教学、实践和竞赛的方式来培养创新创业人才，将创新创业教育理念融入教学全过程，要注重打造创新创业的学习氛围，让学生在这种氛围中被感染①。刘艳等认为应将创新创业教育融入人才培养方案，从而使创新创业教育融入专业教育中，注重培养创业的精神和创业的潜能。可以通过建立创新创业的课程群来达到这个目的，课程群中不同领域的知识要进行融合②。马永斌和柏喆认为大学实施创新创业教育对大学的科技创新成果的及时有效转化意义非常重大③。薛成龙等认为实施创新创业教育是高等教育强国的必然要求，是高校立德树人的主要途径，可以促进教育质量的提升④。谢和平认为创新创业教育应该贯穿于人才培养全过程，要在专业课堂教学、专业课程体系建设、专业实践中体现创新创业教育⑤。李志义对创新创业的含义进行了界定，认为创新创业并不是简单的创新与创业相加，它们之间有着先后的逻辑关系，创新是创业的基础，创业是创新的一种行动化和具体体现⑥。邵月花总结出我国高职创新创业教育中存在的问题是高职院校创新创业的氛围不足、创新创业相关的公共课与专业课脱节、创新创业教育的相关实践缺乏。为解决这些问题，在专业人才培养方案设计时就要融入"双创"教育的教育理念，在专业课程体系和课程内容开发时要考虑双创内容

---

① 林文. 刍议应用型人才培养模式中的创新创业教育 [J]. 福建工程学院学报, 2014 (4): 173-175.

② 刘艳, 闫国栋, 孟威, 等. 创新创业教育与专业教育的深度融合 [J]. 中国大学教学, 2014 (11): 35-37.

③ 马永斌, 柏喆. 大学创新创业教育的实践模式研究与探索 [J]. 清华大学教育研究, 2015, 36 (6): 99-103.

④ 薛成龙, 卢彩晨, 李端淼. "十二五"期间高校创新创业教育的回顾与思考：基于《高等教育第三方评估报告》的分析 [J]. 中国高教研究, 2016 (2): 20-28, 73.

⑤ 谢和平. 以创新创业教育为引导全面深化教育教学改革 [J]. 中国高教研究, 2017 (3): 1-5, 11.

⑥ 李志义. 创新创业教育之我见 [J]. 中国大学教学, 2014 (4): 5-7.

的融入①。李兵认为创新创业教育评价的主体是政府、学校、学生和社会四个方面，评价的关键指标包括：学校的办学理念、学校的双创课程体系、校园双创文化建设、双创平台建设、学生的创业意识、学生的创业能力、学生的创业成果、学生的创业实践活动②。李隽和曹玉平提出了创新创业教育中的知识、能力和素质的具体内容和目标。创新创业的知识主要包括创新与创业的基本概念、创业的基本特征、创业的构成要素等；能力目标是批判性思维、敏锐的洞察力、果断的决策力、良好的组织协调能力、卓越的领导力等创新创业必备能力；素质内容是诚实守信、认真敬业、敢于冒险和勇于创新的创业精神③。

（三）国内关于人才培养模式的研究

1. 关于人才培养模式构成要素的研究

关于由哪些要素构成职业教育人才培养模式的问题，不同的学者提出了不同的观点。纵观现有的研究文献，主要形成了"两要素说""三要素说""四要素说"三种比较主流的观点。除此之外，也有一些专家提出了其他的构成要素，陈家颐从事物要素之间的联系方式和比例关系出发，提出职业教育人才培养模式包含：培养目标、专业设置、课程模式、教师队伍、产学合作④。唐玉凤认为职业教育的人才培养有其针对性、实用性和有效性，所以职业教育培养模式的构成要素有培养目标、培养方向、培养规格和课程设置⑤。王启龙和徐涵认为高等职业院校的人才培养模式的构成要素主要包括：教育理念、培养目标、教育内容和教育方式⑥。李海宗认为高等职业技术教育人才培养模式不仅要体现一种教育思想和观念，还要包括培养目标和规格、课程内容和组织、培养方式和途径、教育管理和评价等基本要素⑦。刘忠喜认为人才培养模式的构成要素要从国家、高职院校和专业三个层面来看，国家层面的要素包括顶层

① 邵月花. 高职院校创新创业教育与专业教育有效融合路径研究 [J]. 中国职业技术教育，2016（10）：76-79.

② 李兵. 关于高职院校"四位一体"创新创业教育评价体系研究 [J]. 中国职业技术教育，2015（28）：78-80.

③ 李隽，曹玉平. 高职院校"分级递进式"创新创业教育体系构建研究 [J]. 职教论坛，2016（26）：27-30.

④ 陈家颐. 高职人才培养模式的理论思考 [J]. 南通职业大学学报（综合版），2004（1）：61-69.

⑤ 唐玉凤. 职技高师人才培养模式的构建 [J]. 高等农业教育，2004（4）：72-74.

⑥ 王启龙，徐涵. 职业教育人才培养模式的内涵及构成要素 [J]. 江苏技术师范学院学报（职教通讯），2008（6）：21-24.

⑦ 李海宗. 论高等职业技术教育人才培养模式的构成要素 [J]. 中国成人教育，2008（21）：98-99.

设计、教育理念和教育政策；高职院校层面的要素包括教学理念、专业设置模式、课程设置模式、学校制度体系、教学组织形式、教学管理模式和教学评价方式等；专业层面包括专业设置、课程设置、教学方式、课程评价①。

从以上的文献探讨可以看出，从不同的角度学者提出了不同的人才培养模式的构成要素，简单来说，人的培养问题就是要问答以下三个问题：一是培养什么人，二是怎样培养人，三是为谁培养人。而这三个问题主要涉及的就是价值层面的教育观念和培养目标、知识层面的课程设计和教育内容以及行动层面的教育方式。

2. 关于对我国职业教育人才培养模式的研究

刘紫婷认为高职院校培养的人才与企业需求的矛盾日益突出，出现企业找不到人，学生找不到工作的现象，其主要原因是高职院校的教育与企业生产实际脱节。解决一现象的方法是：学校要更新观念，在校企合作中要放低姿态，要积极主动，要创设有利于校企合作的条件②。张永良和张学琴从对"订单式"人才培养模式的含义界定出发，分析了高职院校"订单式"人才培养中存在的问题，最后提出"订单式"人才培养的运行机制是建立"订单式"人才培养的企业的调研论证机制和建立培养对象的选拔和淘汰机制③。谢俊华认为现代学徒制人才培养模式要实现学校和企业的深度合作，学校和企业要共同确定人才培养方案，在学徒制实施过程中学生能够获得经济报酬，要以就业为导向④。周丽娟对近 20 年职业教育人才培养模式进行对比分析，得出我国职业教育经历了三种典型的人才培养模式：一是"半工半读"的职业教育人才培养模式；二是"产教融合"的职业教育人才培养模式；三是"订单式"的职业教育人才培养模式⑤。

3. 关于智能制造背景下人才培养的研究

在每一次工业革命与工业化进程中，大学的办学模式与人才培养模式均有差异。在智能制造时代，大学的人才培养应当更加强调基础化、综合化、个性化、实践化，并形成通识教育基础上的专业教育人才培养模式。高等教育既要

---

① 刘忠喜. 人才培养模式概念、层次及构成要素 [J]. 海南广播电视大学学报，2014，15（3）：107-110.

② 刘紫婷. 高职院校工学结合人才培养模式的实践与探讨 [J]. 中国高教研究，2007（8）：48-49.

③ 张永良，张学琴. 高职"订单式"人才培养模式的有效机制探索 [J]. 中国高教研究，2007（6）：51-52.

④ 谢俊华. 高职院校现代学徒制人才培养模式探讨 [J]. 职教论坛，2013（16）：24-26.

⑤ 周丽娟. 近二十年职业教育人才培养模式研究综述 [J]. 教育教学论坛，2015（8）：1-2.

向外部开放，更要实现高校内部系科专业的开放、综合与融合。可以看出，这一点显然与企业组织趋于扁平化管理密切相关[1]。朱红娟根据工业机器人产业发展的现状和人才需求情况，构建了校企交替、教学与生产结合的工学结合人才培养体系，推进了校企合作"订单班"的人才培养模式，开发了对接工作岗位的课程体系和教学模式[2]。刘小春结合自动化专业智能人才的需求特点，提出招生及招工、入校及入厂、校企联合培养，共同制订人才培养方案，共同参与人才培养过程，共同参与实训基地建设的人才培养模式[3]。

从已有的研究来看，关于智能制造背景下人才培养的研究比较少，以"高职人才培养模式"和"智能制造"为篇名搜索只有 9 条结果，大多数文献主要是针对某个具体的专业，针对智能制造对人才的需求特点来构建智能制造背景下人才培养的模式。

二、国外研究现状

（一）国外关于校企合作的研究

1. 关于合作教育的概念

校企合作在国外最开始被称为合作教育。1906 年美国辛辛那提大学的施奈德教授提出了此概念。虽然国外关于合作教育一直没有统一的概念，但其中心思想基本一致，都主张课堂学习与校外实践紧密结合。美国合作教育委员会将合作教育定义为一种教育模式，该模式结合了理论学习与工作经历，主张学生深入现实世界，从而获得必要的社会实践技能。世界合作教育协会（WACE）则将其定义为学生结合课堂内外的学习，将理论知识应用于社会实践，将实践中遇到的问题反馈给学校，促进学校的教与学[4]。J. A. Schumpeter于 1912 年创作《经济发展理论》，最早提出校企合作理论。波尔顿在 20 世纪90 年代，开始研讨校企合作实施模式，并总结归纳了模式类型[5]。Santoro 重点研究了职业院校与企业合作关系对绩效的影响，他的研究表明随着合作关系越

---

① 李立国. 工业 4.0 时代的高等教育人才培养模式 [J]. 清华大学教育研究，2016（1）：6-15，38.

② 朱红娟. 智能制造背景下高职工业机器人专业人才培养模式研究 [J]. 机械制造与自动化，2017，46（6）：158-159，192.

③ 刘小春. 智能制造背景下高职自动化专业智能人才培养模式的研究 [J]. 山东工业技术，2017（17）：294-295.

④ 彭钢. 创业教育学 [M]. 南京：江苏教育出版社，1999.

⑤ ROBERT B. A broader vjew of university—industry relationshi Ds. SRA Journal [J]. 2009（26）：45-48.

来越密切，合作教育绩效越来越高①。Grant H 重点关注了校企合作的利弊②。James A 和 Severson P H D 从职业院校角度进行了研究，认为应该充分考虑文化差异在校企合作中的作用③。

2. 关于校企合作模式

美国教育学者珍妮·C. 梅斯特（Jeanne C. Meister）在其著作《教育工作场所：对于合作大学模式的研究》中提出：美国的合作教育体现了责权明晰的特点，招生由学校来负责，校企共同制订合作教育计划。美国教育学者霍华德·R. D. 戈登在其著作《美国职业教育的历史与发展》中对美国职业教育的发展历史做了阐述④。在德国最主要的模式是 1938 年设立的"双元制"，但随着德国经济的发展，"双元制"过分依赖企业，出现了一系列的弊端，Axel Göhringer 在太平洋合作教育杂志对德国的双元制进行了阐述⑤。

（二）国外关于创新创业教育的研究

1989 年联合国教科文组织时首次提出"创新创业教育"，指出创新创业教育的核心是培养创新创业的精神与能力，能够促进人格健全，教育的最终目的是转变人力资源类型，使得就业型人才在接受教育后，成为创新创业型人才⑥。

美国是世界上最早实行创新创业教育的国家，并认为创新创业教育是国民经济发展过程中的直接推动力。1947 年哈佛大学开始开展创新创业教育，两年后斯坦福大学也加入其中，1967 柏森商学院开办创业课程，加大对学生创业教育的投入。目前美国的国民教育体系中已明确包含创新创业教育，学生从小学阶段到研究生阶段，都接受创新创业教育，不少高校专门设置了创新创业类学士研究课程以及研究生专业，通过专业化教育，培养创新创业教育相关的

① SANTORO M D. Success breeds suecess：the linkage between relation shi D intensity and tangible out comes in industry—unjversity collaborative Ventures ［J］. The Journal of High Technology Management Research，2010，11（2）：255-273.

② GRANT H. University industry research partne｝ships in Austral ia：extent，benefits and Risks ［J］. Higher education research&develo Dment，2007，20（3）：245-264.

③ JAMES A，SEVERSON P H D. Models of universitvindustrv cooperation ［J］. Journal of Industry academic government col1aboration，2005（2）：1-6.

④ 梅伟惠. 美国高校创业教育 ［M］. 杭州：浙江教育出版社，2004：202.

⑤ 李时椿，常建坤，刘怡. 大学生创业与高等院校创业教育 ［M］. 北京：国防工业出版社，2004：38.

⑥ 彭迪云. 大学生创新创业基础 ［M］. 江西：江西高校出版社，2016：1.

博士生①②。

1987 年起欧洲开始兴起创新创业教育。英国政府首先发起"高等教育创业"计划（enterprise in higher education initiative，EHE），对大学生的可迁移创业能力进行培养，通过奖学金等方式鼓励学生进行自主学习和自主创业，政府部门通过政策倾斜，鼓励高校加强对创业人才的培养，社会机构对于创业人才的认可程度逐年提升。德国教育部门提出了"高校成为创业者摇篮"的口号，在经济管理类专业之外的其他专业中落实创业教育③。

从上述研究来看，国外的创新创业教育的理念已经普及，系统化的创新创业教育实践体系已逐步形成。

（三）国外关于人才培养模式的研究

随着经济社会的进一步发展，国外发达国家的学者在理论和实践层面对职业教育的探索已有 100 多年的历史，并形成了相对成熟的模式。同时，在新经济时代，发达国家也在不断对原模式进行改革和创新，研究活跃，并取得了丰硕的成果。

国外职业教育中较典型的人才培养模式有德国"双元制"、美国的"合作教育"、英国"三明治"、澳大利亚"TAFE"、法国"学徒培训中心"、日本"产学官"、新加坡"教学工厂"七种人才培养模式。这部分的内容将在第三章国外职业教育人才培养模式的比较分析中进行详细介绍，此处不再分析。

第二节　核心概念解析

一、高等职业教育含义

（一）职业教育

可以对职业教育分别从广义和狭义两个方面进行界定。广义的职业教育是指任何从事教育或培训活动的机构，包括学校教育系统和社会培训系统；而狭义的职业教育是指各类专业学校，以普通教育为基础，制约于社会经济和科技

---

① IBRAHIM A B，GOODWIN J R. Perceived Causes of Success in Small Business ［J］. American Journal of Small Business. 1998，11（2）：41-50.

② 熊飞，邱荒华. 中美两国创业教育比较研究 ［J］. 北京航空航天大学学报（社会科学版），2005，9（12）：8-9.

③ KUNKEL. The Impact of Strategy and Industry Structure on New venture Performance ［D］. Georgia：The University of Georgia，2003.

发展水平，并随之不断改变①。

黄炎培先生对职业教育做过如下解释："职业教育，以广义言之，凡教育皆含职业之味。……若以狭义言，则仅以讲求实用之知能者为限……职业教育，则专重实用，能为生活起见。……专以职业上之学识、技能教授不能久学之青年。"② 黄炎培先生这段精辟的描述包含两层意义：一是职业教育属于专业教育，有别于普通教育，它是培养从事某种职业的人。二是职业教育是传授实用知识和技能的教育。

（二）高等职业教育

"高等职业教育"（tertiary vocational and technical education）应该从三个方面来界定：第一，"教育"是本质定位；第二，"职业"是特征定位；第三，"高等"是层次定位。著名的高等教育学专家潘懋元教授认为，"高等职业教育并不是一个区别于本科的专科层次，而是一种有别于普通高等教育的类型。"③ 2019 年 1 月颁布的《国家职业教育改革实施方案》就鲜明地提出职业教育和普通教育是两种不同的教育类型，具有同等重要的地位。

本书认为高等职业教育是指狭义的职业教育的"高等"层面，是学历性的职业教育，分为初等、中等、高等职业教育。一般说来，高等职业教育是指在普通中等教育之后实施的培养高等职业技术人才的高等教育，通过接受高等职业教育，学生获得从事某个行业所需的理论知识和操作技能。本书中的高等职业教育主要以区域高等职业教育为研究对象。

（三）高等职业教育的特点

高等职业教育是一种职业教育，具有如下三个显著的特点。

1. 职业性

高等职业教育是培养人的实践活动。这是任何教育都具有的最原始的本质属性，但是职业教育培养的是"应用型"人才。所谓职业性是指高等职业教育培养生产、服务、技术和管理所需要的高素质劳动者和技术、技能性人才，注重学生职业能力的培养，具有以职业为导向、为就业服务的特点④。

2. 社会性

高等职业教育的社会性具有双重含义。第一，高等职业教育和社会需求相

① 教育部职教研究所. 职业技术教育原理 ［M］. 北京：经济科学出版社，1998：69.

② 武任恒. 人文主义的职业教育价值观思考 ［J］. 职业技术教育，2004，25（16）：14-16.

③ 潘懋元. 建立高等职业教育独立体系刍议 ［J］. 教育研究，2005（5）：26-29.

④ 舒昌，李光明. 高等职业教育的本质属性及其培养模式研究 ［J］. 产业与科技论坛，2007（3）：97-98.

互联系又相互制约。如高等职业教育培养什么样的人是由当时的经济发展需求决定的；培养的规模由社会需求决定，高等职业教育随社会发展不断发展与变革。第二，高等职业教育在实施过程中需要广泛吸引社会力量的参与，如教学管理、教学过程需要企业和行业的大力支持与参与。相对于普通教育来说，高等职业教育与经济发展的关系更密切、更直接，是实现劳动力再生产的重要手段，具有广泛的社会性①。

3. 实践性

高等职业教育以就业为导向。要实现学生充分就业，受用人单位的欢迎，高等职业教育就必须对接市场，教学内容必须对接岗位的工作内容。因此，高等职业教育必须适应企业技术创新、劳动组织方式变革、生产经营活动的特点，使教育过程与生产实践紧密结合，面向企业、面向生产。

二、双元双创人才含义

（一）双元

本书中的"双元"（dual）具有多层含义：第一层含义是指学校与企业二元办学主体，这种主体强调"双主体"，而不是单方面的主导，学校与企业两个教学目标、两种教学方式相结合，并且它们在地位上是对等的、相互依存的。第二层含义是人才培养的对象身份的双元性，一元是学生，另一元是学徒，具有双重身份，学员在职业学校里接受专业理论和普通文化知识教育，在企业里接受职业技能和与之相关的专业知识培训。第三层含义是教师和企业员工具有双重身份，教师除了承担日常教学工作，还要参与项目的指导和管理；企业员工是企业的员工，但又要承担学校的教学任务。

（二）双创

"双创"是指创新和创业两个方面。

1. 创新

关于"创新"的概念，不同组织、机构与个人在不同领域给出了不同解释。

第一，词语的解释角度。"创新"在《现代汉语词典》（第七版）中的解释为"抛弃旧的，创造新的"。该词语最早出现在《魏书》中，在《周书》《南史》等书籍中也曾出现过。然而在上述古书中，"创新"这一概念更多指的是政治方面的改革、变革和改造，而非在思想意识或科学技术方面获得新的

---

① 陈志芳. 职业教育对构建我国和谐社会的作用［D］. 临汾：山西师范大学，2010.

东西。英文"创新"为单词"innovation"，"nova"或"novo"这个词根意思为"新"。"innovation"源于拉丁文，其有三层含义：更新，即除去旧的，换成新的；创造新的东西；改变，即使事物产生差别。

第二，经济学角度。美籍奥地利裔经济学家熊彼特（J. A. Schumpeter）于1912年发表的著作《经济发展理论》中提出，"创新"指新技术、新发明在生产中的首次使用，是建立一种新的生产函数或供应函数，是在生产体系中引进一种生产要素和生产条件的新组合。这种组合包括：采用新产品或一种产品的新特性；采用一种新的生产方法；开辟一个新的市场；实现任何一种工业的新组织，或打破一种垄断[1]。

第三，科学技术角度。1962年，伊诺思（J. L. Enos）在其《石油加工业中的发明与创新》一文中首次就"创新"给出明确定义，指出"技术创新是几种行为综合的结果，这些行为包括发明的选择、资本投入保证、组织建立、制定计划、招用工人和开辟市场等"[2]。

第四，社会学角度。1995年，欧盟在《创新绿皮书》中将创新定义为"在经济和社会内成功地生产、吸收和应用新事物，它提供解决问题的新方法，并使得满足个人和社会的需求成为可能，创新不仅是一种经济机制或技术过程，而且还是一种社会现象"[3]。

由此可见，"创新"一词的含义十分广泛，从个体到群体，从科学技术到社会发展乃至人类文化变迁，只要涉及革新与改变，或者新的发现与发明，都可以称为"创新"。本书中的创新应从教育学的角度来界定，教育学中的创新是指一种对新事物的开拓精神和解决新问题的新方法、新能力。

2. 创新人才

创新人才首先是人才，人才是指"为社会发展和人类进步进行创造性劳动，在某一领域、行业或某一方面做出较大贡献的人"[4]。北京大学教授黄楠森指出："创新人才最根本的品质是具有自觉的创新意识、具有缜密的创新思维和具有坚强的创新能力。"[5]

对于什么是创新型人才或创造型人才，我国学者给出了并不一致的解释。例如：吴贻春和刘花元认为创造型人才，是指富于独创性，具有创造能力，能

---

① 王秀梅. 工科高校创新人才培养及评价研究 [D]. 保定：华北电力大学（河北），2009.
② 杨五洲. 技术创新动因影响技术创新行为的作用机理研究 [D]. 成都：西南财经大学，2014.
③ 王秀梅. 工科高校创新人才培养及评价研究 [D]. 保定：华北电力大学（河北），2009.
④ 王秀梅. 工科高校创新人才培养及评价研究 [D]. 保定：华北电力大学（河北），2009.
⑤ 欧文军. 基于创新人才培养的高校教学管理研究 [D]. 咸阳：西北农林科技大学，2009.

够提出问题、解决问题，开创事业新局面，对社会物质文明和精神文明建设做出创造性贡献的人。这种人才，一般基础理论坚实、科学知识丰富、治学方法严谨，对未知领域勇于探索；同时，具有为真理献身的精神和良好的科学道德①。庄寿强和戎志毅认为创新人才的主要素质是：有大无畏的进取精神和开拓精神；有较强的永不满足的求知欲和永无止境的创造欲望；有强烈的竞争意识和较强的创造才能；同时还应具备独立完整的个性品质和高尚情感等②。

创新人才的概念在国外文献中并不常见，结合国内学者的研究，本书中的创新人才是指有强烈的创新意识和创新精神的人，具备丰富的知识积累，在学习、工作过程中突破思维定式，具有采用新方法、新思想处理新问题的能力的人。

3. 创业

国内外学者主要从创业活动和创业者两个方面对创业进行了界定。在1755年，法国经济学家 Cantillon 就把"entrepreneur"（创业者，企业家）一词作为术语引入经济学。他认为创业者要承担以固定价格买入商品并以不确定的价格将其卖出的风险。创业者的报酬就是卖出价与买入价之差③。奈特（1921）赋予了创业者（企业家）不确定性决策者的角色，他认为"有更好管理才能（远见力和统治他人的能力）的人具有控制权，而其他人在他们的指挥下工作"。对自己的判断有自信心和在行动中能"坚持这一判断"的人专业于承担风险。"创新理论"的鼻祖熊彼特在1934年认为创业是实现创新的过程，而创新是创业的本质和手段。1942年，他进一步认为，经济体系发展的根源在于创业活动。创业是经济过程本身的主要推动力，这类活动就是能使经济机体革命化的多次发生的"繁荣"和由于新产品和新方法造成干扰平衡的冲击而经常出现的"衰退"（指暂时性的失业等现象）的主要原因。林强等认为，"广义"创业概念"也包括从一个有问题的企业开始创建出一个重焕生机的企业"④。

本书中的创业特指创业人才，这种人才应具备创业意识、坚韧不拔的精神、管理才能，善于洞察市场商机。

4. 创新创业教育

曹胜利和雷家骕从广义和狭义两个方面对创新创业教育的内涵进行了界

---

① 吴贻春，刘花元. 论创造型人才的培养 [J]. 南京师大学报（社会科学版），1985（2）：21.
② 庄寿强，戎志毅. 普通创造学 [M]. 徐州：中国矿业大学出版社，1997：239.
③ 顾桥. 中小企业创业资源的理论研究 [D]. 武汉：武汉理工大学，2003.
④ 林强，姜彦福，张健. 创业理论及其架构分析 [J]. 经济研究，2001（9）：85-94，96.

定。他们认为"从广义上讲，创新创业教育是关于创造一种新的伟大事业的教育实践活动"，"从狭义上讲，它是关于创造一种新的职业工作岗位的教学实践活动，是真正解决当代大学生走上自谋职业、灵活就业、自助创业之路的教育改革的实践活动"①。2010年教育部《关于大力推进高等学校创新创业教育和大学生自主创业工作的意见》中，明确将创新创业教育定义为"适应经济社会和国家发展战略需要而产生的一种教学理念与模式"②。马小辉认为创新创业教育的要求更高，常被誉为"双创教育"，是指为了适应社会发展和国家的战略规划需要，以培养具有创业意识的开拓型人才为目标产生的一种新的教学理念与模式③。彭迪云提出创新创业教育作为一种新的教育理念和模式在我国大力推行，其并不只是创新教育与创业教育的简单叠加，而是对创新教育的具体化，更是对原有创业教育的创新与改进④。

创新创业教育作为教育领域的新概念，是由"创新""创业"和"教育"三个概念组合而成的复合概念。"创新"和"创业"虽为不同的概念，却都强调"创"，亦即一种开始，一种从"无"中生"有"的意蕴，都突出强调创造性提出问题、分析问题和解决问题，并且在"教育"层面上，培养职业型、应用型人才都是两者的共同目标与追求。

本书认为创新创业教育是以培养具有创业基本素质和开创型个性的人才为目标，不仅仅以培育在校学生的创业意识、创业精神、创新创业能力为主的教育，而是要面向全社会，针对那些打算创业、已经创业、成功创业的创业群体，分阶段分层次地进行创新思维培养和创业能力锻炼的教育。如表2-2所示，创新创业教育与高等职业教育在培养目标、服务面向、课程体系、教学模式、学习方式、对学生的评价方式和教师队伍上应有所不同。

① 曹胜利，雷家骕. 中国大学创新创业教育发展报告 [M]. 沈阳：万卷出版公司，2009：3.

② 教育部. 关于大力推进高等学校创新创业教育和大学生自主创业工作的意见：教办 [2010] 3 号 [Z].

③ 马小辉. 创业型大学的创业教育目标、特性及实践路径 [J]. 中国高教研究，2013 (7).

④ 彭迪云. 大学生创新创业基础 [M]. 南昌：江西高校出版社，2016：13.

表 2-2　创新创业教育与高等职业教育对比

对照内容	高等职业教育	创新创业教育
培养目标	理论知识、专业技术知识	理论与实践相结合、职业能力、职业技能、创新创业意识
服务面向	区域经济的发展需要	新的经济发展需求和技术增长点，更多的是面向社会普遍需求却又缺乏有效服务的方面
课程体系	封闭式的，注重知识体系，实践安排缺乏系统性和有效性，注重表面，缺乏内涵	开放式，注重实践技能，培养学生各方面知识技能，要求知识体系宽，课程开放程度大，产学结合
教学模式	教师授课，学生被动接受模式	校企联合培养，实践时间长，互动式教学为主，项目式、倡导启发式、探究式、讨论式、参与式教学
学习方式	单独式	团队式、合作式
对学生的评价方式	以学校卷面考试为依据	过程性评价，更注重能力评价
教师队伍	博士、硕士，高学历为主，无社会实践经验	企业人士、学校教师

（三）双元双创

"双元"与"双创"相辅相成，"双创"是目标，"双元"是手段。"双元双创"中的"双元"是担任培养使命的主体，"一元"是学校，"一元"是企业。"双元双创"中的"双创"是指有强烈的创新创业意识、创新创业精神的人才。

"双元双创"人才培养模式是针对某一岗位群的任职要求，学校元和企业元共同制订人才培养方案，确定课程体系，工学交替组织教学，共同对学生的能力进行评价，其中工学交替应该是分散式的，但也是系统性的。"双元双创"人才培养模式特别注重针对岗位路径要求进行培养，最终使学生不仅能较出色地胜任岗位群，且知识层次、职业素养以及职业能力、创业能力、创新能力均获得全面提升，成为智能制造时代所需的发展性、复合型和创新性的人才。

三、人才培养模式含义

（一）人才培养

《辞海》对人才的解释有三种：第一，有才识学问的人；德才兼备的人。

第二，指才学；才能。第三，指人的品貌①。《国家中长期人才发展规划纲要（2010—2020 年）》将"人才"解释为利用自身技能为社会创造财富同时具有高素质的人②。叶忠海先生在《人才学基本原理》中写道，中国人才学界都强调要从"创造性"和"进步性"的角度来定义人才。他认为"人才是指在一定社会条件下，具有一定知识和技能，能以其创造性劳动，对社会或社会某方面的发展，做出某种较大贡献的人"③。20 世纪 80 年代，王通讯先生也做过类似定义，"人才就是为社会发展和人类进步进行了创造性劳动，在某一领域，某一行业，或某一工作上做出较大贡献的人"④。《辞海》从生物学角度认为"培养"包含两层含义：一是适宜生物生长的环境，二是造就个体成长条件。人才培养是指个体通过有效的指导利用知识技能促使自我价值实现的动态过程，其最终目的是促使个体自我价值的实现与成长。

（二）人才培养模式

"人才培养模式"这一词组，是我国高等教育教学改革的产物。它产生于20 世纪 80 年代后期，发展于 90 年代中期。何为人才培养模式？查阅相关文献发现学者们观点不一，主要从以下三方面进行阐述：第一，"方式说"。人才培养模式是为实现培养目标（含培养规格）而采取的培养过程的某种标准构造样式和运行方式⑤。第二，"过程说"。认为人才培养模式是职业院校培养人才的过程，是按照特定的培养目标和人才规格，以相对稳定的教学内容和课程体系、管理制度和评估方式，实施人才教育的过程的总和⑥。第三，"综合说"。人才培养模式，是指具有一定规格要求的人才培养程序、方式和结构⑦。主要的代表性观点如下：

1996 年 3 月，"改革人才培养模式"作为我国教育教学改革的重要内容载入我国国民经济和社会发展纲要，从而把人才培养模式改革推向教学改革的中心，"人才培养模式"这一词组第一次出现在国家重要的法规性文件中，并由此开始成为我国高等教育教学改革的重中之重。1998 年在教育部召开的第一次全国普通高校教学工作会议上，时任教育部副部长的周远清同志曾对人才培

① 辞海［M］. 上海：上海辞书出版社，2002：1392.

② 中共中央国务院. 国家中长期人才发展规划纲要（2010—2020 年）［Z］. 2010（6）.

③ 叶忠海. 人才学基本原理［M］. 北京：北京蓝天出版社，2005：115.

④ 王通讯. 人才学通论［M］. 天津：天津人民出版社，1985：1.

⑤ 陈向平，吉飞. 高等职业教育人才培养模式改革与实践研究［J］. 高等教育研究，2010（10）：53.

⑥ 宋志生. 农村远程高等职业教育人才培养模式的探索［J］. 现代远距离教育，2007（2）：6.

⑦ 王明伦. 高等职业教育人才培养模式重建之思考［J］. 教育研究，2002（6）：89.

养模式的概念进行过阐述，他认为人才培养模式就是人才培养目标和培养规格以及实现这些培养目标的方法或手段①。同年，教育部发布教高〔1998〕2号文件，提出人才培养模式是指"学校为学生构建的知识、能力、素质结构，以及实现这种结构的方式，它从根本上规定了人才特征并集中地体现了教育思想和教育观念"。

陈祖福认为"所谓人才培养模式……是指为受教育者构建什么样的知识、能力、素质结构，以及怎样实现这种结构的方式"②。

高教司副司长林蕙青对陈祖福关于"人才培养模式"的表述做了一些补充："人才培养模式是学校为学生构建的知识、能力、素质结构，以及实现这种结构的方式，它从根本上规定了人才特征并集中地体现了教育思想和教育观念。"③

望冠和彭军提出人才培养模式是学校为学生构建的知识、能力和素质结构，以及实现这种结构的途径。它从根本上规定了人才培养的方式和特点，体现了教学理念④。

教育部高教司给出的定义是"所谓人才培养模式，是在一定教育理论指导下，根据人才培养目标和质量标准，为受教育者设定的知识、能力和素质结构，以及实现这一结构的原则、程序和方式"⑤。

余群英认为人才培养模式以一定的教育理念为指导，不同层次、不同类型的职业学校的教育理念是不同的，应根据既定的人才培养目标和规范，建立与特定教育类型相适应的课程体系，融合多种教学模式和评价方法、管理系统的运行机制和实施过程⑥。

蔡炎斌把人才培养的模式归结为，在教育教学思想和理论下，学校根据人才培养目标的非一致性对培养的对象采取的特定的人才培养的组织样式和运行方式的总称⑦。

---

① 周远清. 在第一次全国普通高等学校教学工作会议上的讲话 [M] //深化教学改革培养适应世纪需要的高质量人才. 北京：高等教育出版社，1998：43.

② 陈祖福. 迎接时代的挑战更新教育思想和观念 [J]. 中国高教研究，1997 (3)：4-8.

③ 林蕙青. 深化高等学校教学改革培养高质量的跨世纪人才 [J]. 人才医学教育，1997 (6)：1-7.

④ 望冠，彭军. 高职教育人才培养模式的构想 [J]. 辽宁教育研究，2001 (5)：29.

⑤ 教育部高教司. 银领工程系列：育才通道 [M]. 北京：高等教育出版社，2005：34.

⑥ 余群英. 高职人才培养模式的理论与实践探索：广东省高等职业技术教育研究会2004年学术年会综述 [J]. 高教探索，2005 (1)：94-96.

⑦ 蔡炎斌. 高校创新人才培养模式之探索 [J]. 湖南师范大学教育科学学报，2006 (2)：79-81，84.

李志义认为，人才培养模式是对人才培养的活动结构和过程及其相互关系的模式化，决定了其组成要素、要素之间的相互关系和其运行特点①。

董泽芳认为人才培养模式是一种涉及人才培养过程的理论模型与操作，主要由人才培养理念、专业设置模式、课程设置方式、教学制度体系、教学组织形式、隐性课程形式、教学管理模式与教育评价方式八种要素构成；同时具有系统性、目的性、中介性、开放性、多样性与可效仿性等特征②。

模式的英文是"model"，翻译成中文就是模型、典型和案例的意思，它来源于科学方法和科学哲学。模式是事物发展的过程或结构，或是描述它们的内部关系的一种抽象的、概括性的说法。模式是指"某种事物的标准形式或使人可以照着做的标准样式"③。作为模式，应具有标准性、规范性、普遍性等特征。

本书中的人才培养模式是指在新职教理念的指导下，在特定的外界环境的影响下，在各种动机的驱使下，组织教育的主体和利益相关者对培养目标、培养过程、培养方式、质量评价等要素的有机作用。人才培养模式应具备以下三个共同特征④：第一，专业性。人才培养模式的基点是专业，落脚点也是专业。其内涵的核心是根据专业的培养目标和质量标准，为受教育者——学生设定专业的知识、能力和素质结构，以及实现的途径、方式等。第二，多样性。人才培养模式的专业性决定其多样性。一所学校的不同专业可以有不同的人才培养模式，同一专业在不同培养学校或不同培养时期也可以有不同的人才培养模式。第三，综合性。人才培养模式涵盖的内容具有综合性，涉及专业设置与调整、培养目标与标准、培养方案与培养条件、培养途径与机制等⑤。

---

① 李志义. 谈高水平大学如何构建本科培养模式 [J]. 中国高等教育，2007 (15)：34-36.

② 董泽芳. 高校人才培养模式的概念界定与要素解析 [J]. 大学教育科学，2012 (3)：30-36.

③ 中科院语言所词典编辑室. 现代汉语词典 (修订本) [M]. 北京：商务印书馆，1997：894.

④ 陈维彬. 高职教育工学结合人才培养模式的理论与实践探索 [J]. 教育与职业，2007 (21)：97-99.

⑤ 陈维彬. 高职教育工学结合人才培养模式的理论与实践探索 [J]. 教育与职业，2007 (21)：97-99.

第三节　主要理论基础

一、战略联盟理论

（一）战略联盟理论含义

战略联盟理论由美国 DEC 公司的总裁简·霍普兰德（J. Hepland）和著名管理学家罗杰·奈杰尔（R. Nigel）提出，他们认为"两个或两个以上存在着彼此共同利益的大型企业，出于双方为共同拥有更广阔的市场、更优质的资源、更先进的技术等目的，以签订契约为方式，结成的一种具有优势共享、风险共担特征的合作联盟模式"；该理论也可以运用到提升企业竞争力方面，也是一种维护自身利益、共同实现发展目标的有效手段①。

（二）战略联盟理论运用分析

本书中的职业教育产教融合人才培养模式研究中涉及政府各部门、学校与企业、行业等多方相关利益主体，多元参与主体形成战略联盟是非常必要的，有助于各方利用彼此的优势达成结盟合作，进而实现共同目标。

二、利益相关者理论

（一）利益相关者理论含义

弗里曼在其所著的《战略管理：利益相关者管理的分析方法》一书中指出："企业中的管理者承担着平衡各个利益相关者之间不同需求的重大责任。"此理论一经提出，迅速在公司型企业发展过程中得到广泛运用，它促使各个利益相关角色以实现利益最大化为原则，在企业运营过程中持续不断地动态平衡与协调各方利益，进而推动企业整体发展②。

（二）利益相关者理论运用分析

我国的职业教育涉及政府、企业、行业及职业院校等在内的多元主体，因此在"互联网+"背景下，职业教育产教融合人才培养要将多方影响因素纳入考虑范围，对产教融合中的合作需求与理念、价值实现与诉求、责权利承担与分配等具体问题予以深入剖析。学校确立符合市场需求的人才培养目标，同时政府在政策上积极引导行业、企业参与人才培养过程以发挥其宏观调控作用，

---

① 韩静静. 河南省职业院校校企合作运行机制研究 [D]. 开封：河南大学，2014.
② 郭凡. "互联网+"背景下高职教育校企合作对策研究 [D]. 西安：西安建筑科技大学，2017.

形成利益共同体，充分发挥各自优势，各个主体在合作中彼此协调，进而优化资源配置效率，实现多元主体互利共赢。

三、实用主义理论

（一）实用主义理论含义

杜威是实用主义教育理论的主要代表人物，该理论对西方国家的应用型人才教育，特别是美国高校教育有着较大影响。杜威对教育的本质和目的进行阐述，基于哲学理论、伦理学理论、社会学理论和心理学理论，指出传统的教育方式并不符合社会需要，并提出教育等同于生活、学校等同于社会、教育过程是经验不断累积和改造的过程等观点。杜威在其著作中认为"生活即发展，不断发展和生长即是生活"，"没有教育，无法生活"，他认为从生活中进行学习和领悟是最好的教育方式①。

（二）实用主义理论运用分析

杜威在实用主义教育理论中提出"学校就是社会"的观点，认为学校是一种社会生活。学生在校期间可以体验到社会生活的全部内容。校内学习和校外学习可以充分融合，两者之间存在相互影响。对于应用型人才的培养，学校和社会不能孤立。学校需要了解社会对人才的需求，与社会组织合作，更好地为学生教授理论知识和岗位知识，传授技能和实践经验，同时为学生毕业后就业做好准备。学术知识与生产实践相结合，可以更好地优化资源配置，促进行业技术创新。可以看出，实用主义理论提倡实践和技能的培养，这非常符合智能制造背景下技能型人才的要求。"学校就是社会"，要让学生在学校里体验社会的全部内容，这就需要高职人才培养创设社会化的培养氛围，要跟行业和企业对接，引进它们的文化、生产实训任务等。

四、人力资本理论

（一）人力资本理论含义

人力资本理论最早起源于经济学研究，且受到了西方马克思主义关于资本的概念的启发。人力资本理论是相对于物质资本理论而言的，物质资本实际上就是指"本钱"，包括生产活动所需要的地产厂房、机械设备、原料资金等众多有价物品等；而人力资本则是指体现在个体的人身上的资本，例如对人们进行生产培训、职业指导等，使之拥有诸如生产知识、劳动技能、工作管理等从

---

① 臧夏秋. 创新创业背景下应用型职业人才培养的对策研究 [D]. 南昌：东华理工大学，2017.

事生产工作的能力①。1960年美国经济学家西奥多·舒尔茨（Theodore W. Schultz）在《人力资本的投资》中提出，人力资本是对生产者进行普通教育、职业培训等支出和其接受教育的机会成本等价值在生产者身上的凝结。教育在人力资本形成和积累中的价值体现为人才的质量和素质②。各级各类的学校教育是当前人力投资最为主要的形式，教育支出和教育资本是人力资本理论研究的核心③。

（二）人力资本理论运用分析

在影响经济发展的诸多因素中，人的因素是最关键的，经济的发展主要取决于人的素质的提高。根据2017年2月，教育部、人力资源和社会保障部、工业和信息化部联合发布《制造业人才发展规划指南》，对我国制造业十大重点领域人才需求进行预测，至2025年，新一代信息技术产业人才缺口将达950万人，高档数控机床和机器人领域人才缺口将达450万人④。

根据人力资本理论的观点，笔者认为高等职业教育能为地方经济发展提供源源不断的人力资本，高职人才培养模式与湖南经济增长有着紧密的联系。所以，高职院校人才培养模式符合人力资本理论，高职院校要根据市场分析、企业需求来确定人才的培养目标与培养规格，再根据岗位要求来设置具体的教学内容和学习资料，理论与实践并重的教学模式，使受教育者在真正走向工作岗位时可以充分发挥其综合性职业能力。

五、人才学理论

（一）人才学理论含义

人才学理论以人和人才为对象，研究人才成长过程，揭示人才成长规律，为人才的开发、培养与使用提供理论基础。人才学理论研究的主要内容包括人才成长的原理、人才成长过程的影响因素、人才个体成长的基本规律与社会人才成长的基本规律等方面。人才都是通过实践活动这一中介在内外部因素的相互影响和作用下成长与发展的。实践活动是认识的动力和源泉，是认识的目的和手段，也是检验认识正确性的唯一标准。只有"实践—认识—实践"无限

① 江涛. 舒尔茨人力资本理论的核心思想及其启示 [J]. 扬州大学学报（人文社会科学版），2008，12（6）：84-87.

② ANGELA W LITTLE. Motivating Learning and the Development of Human Capital [J]. Compare：A Journal of Comparative and International Education，2003（4）：437-452.

③ 徐国兴. 高等教育经济学 [M]. 北京：北京大学出版社，2013.

④ 陈劲，吕文晶. 人工智能与新工科人才培养：重大转向 [J]. 高等工程教育研究，2017（6）：18-23.

循环上升的过程才是人才发展和成长的过程①。

(二) 人才学理论运用分析

人才学理论为技术技能人才培养模式改革奠定了理论基础。时代召唤大量的技术技能人才，社会经济的发展、科学技术的进步、产业结构的不断优化升级，对我国技术技能人才提出了更高的要求。而技术技能人才培养模式存在诸多问题：高职院校培养的人才不能满足市场需求，培养机制不够完善和鉴定标准不符合市场要求，企业参与技术技能人才的培养少，导致在校学生很难接触真正的实践，不符合人才学发展的规律②。

---

① 晓边. 人才学：我国学者首创的学科 [J]. 合肥工业大学学报 (社会科学版)，1992 (2)：160.

② 文苗. 高技能人才成长规律及培养模式研究 [D]. 长沙：湖南农业大学，2016.

第三章 国外职业教育人才培养模式的比较分析

西方发达国家职业教育起步早，历史悠久，在理论层面沉淀了较成熟的人才培养理念，实践层面经验丰富。鉴于此，本章通过对国外职业教育中较典型的德国"双元制"、美国"合作教育"、英国"三明治"、澳大利亚"TAFE"、法国"学徒培训中心"、日本"产学官"、新加坡"教学工厂"七种人才培养模式进行对比分析，以便厘清职业教育人才培养模式的发展脉络，吸取各种模式的优势，为"湖南智造"背景下创新高职人才培养模式提供借鉴。

第一节 德国的"双元制"

一、德国"双元制"的演变

德国的"双元制"是职业教育人才培养模式的典型代表，是德国职业教育的支柱和核心。它是一种教育制度，更是一种重能力、重实践的职业教育思想①。德国的"双元制"的发展经历了以下三个阶段。

第一阶段：形成阶段（18 世纪末 19 世纪初）。德国的"双元制"起源于 18 世纪末 19 世纪初，形成于手工业培训的恢复和进修学校的诞生时期。这一时期"双元制"出现的第一"支柱"是德国通过了对手工业行会的立法，刺激手工业培训，出现了非学校类型的职业培训模式。第二"支柱"是 18 世纪，德国出现了一种进修学校，它们既作为普通教育建立的基础，服务于"星期日学校"（sunday school）、毕业的青年、手工业行会，也作为商业学校。但在当时，这些学校的生存遇到很大困难，实际也没有有效地运作起来。直到

---

① 黄鹤. 德国职业教育模式及微观理解：以高职电类基础课程为例 [J]. 技术与教育，2015，29（3）：50-52，6.

19世纪后半叶，进修学校才呈现出强大的生命力。

第二阶段：巩固阶段（1920—1970年）。在德国工业类型的学徒培训和职业学校的建立中德国的"双元制"得到巩固，并伴随着德国社会经济的发展而不断发展①。该阶段仍然以工业化前的培训模式和相互之间没有太多关联的企业和学校不规范的混合培训方式为特征。到1953年，在手工业条例的范围内，综合的职业培训条例才得以建立。直至1969年8月14日，《职业教育法》颁布实施。政府又一次确立了自己在职业培训中的地位，并且持续到以后的几十年。同时，这一法律的实施也标志着德国职业培训传统时代的结束和新纪元的开始②。

第三阶段：发展阶段（1971年至今）。20世纪70年代德国的改革者主张基础职业培训标准化，在职业学校内进一步充实一些实用的培训内容，实行"基础职业教育年"，尝试给"双元制"一个新的现代结构。20世纪80年代以后，从学徒工培训到中等、高等职业教育以及在职培训德国已形成一个比较完整的体系，各州、市形成了严密的职业教育网，从而使德国在普及职业教育方面处于领先地位。伴随工业结构的变化以及培训职业的整合，培训职业的数量显著地下降。现在德国国家认可的培训职业由1971年的606个下降到370~380个③。

二、德国"双元制"的内涵

"双元制"，英文"dual system"一词，有的学者也译为"双轨制""双重制"等。"双元制"中的"一元"指职业学校，另"一元"指企业。受教育者在职业学校学习文化知识和基础技术理论，在企业接受职业技能和相关专业知识培训。双元结合职业教育以企业和学校结合理论知识和实践技能，培养高水平的专业技术工人为目标④。"双元制"职业教育的精髓可以概括为"两突出"：第一，学校和企业合作，突出企业培训；第二，理论和实践结合，突出技能培训⑤。这种"双元制"教育体系是德国最重要的职业中等教育体系。一般来说，70%的中学毕业生（相当于中国的初中毕业生）进入"双元制"职

---

① 欧阳恩剑. 论我国职业教育法的基本制度 [J]. 职业技术教育, 2016, 37 (30)：33-36.
② 陈光华, 孙志河, 吴雪萍, 等. 德国双元制：一个职业教育制度样本的方方面面 [J]. 职业技术教育, 2001, 22 (21)：52-59.
③ 陈好连. 双元制背景下德国职教教师资格制度研究 [D]. 重庆：西南大学, 2012.
④ 刘凤彪. 借鉴德国"双元制"职业教育模式加速我国职业教育的改革与发展 [D]. 保定：河北大学, 2004.
⑤ 王媛媛. 以校企合作为依托的高职教育发展路径研究 [D]. 苏州：苏州大学, 2011.

业学校接受职业教育。通过实施"双元制"职业教育，德国培养了大批高素质的劳动者，特别是技术工人，推动国家实现战后经济重建和迅速崛起的目标，从而成为欧洲甚至全世界的主要经济大国①。德国"双元制"模式下的学生在企业的实际技能培训中，大部分时间接触的是企业目前正在使用的设备和技术。企业培训采取生产劳动的形式，可以降低成本，而学生"为未来的工作而学习"的学习目的也极大地激发了学生的学习动机，这使学生在培训后更容易立即工作。真实的生产环境及先进的设施设备，使学生接近实践，接近未来工作的需要，能较早地接近新技术、新工艺、新设备、新材料②。

三、德国"双元制"的特点

（一）政府监管制度化

政府成立"行业合作委员会"，对企业和学校进行监督，并对与学校合作的企业给予一定的财务补偿。如果公司明确规定学生可以在公司实习，一些国家的税收可能会被免除③。相关制度规定，企业应当按照对学校财政支持的比例分享教育成果，同时学校应该接受企业的资助，培养企业需要的人才④。

（二）社会参与高度化

第一，企业参与度高。学校的每个专业都有一个专业委员会，其成员主要为企业和学校代表。双方参与制订、实施、检查和调整教学计划，完成教学任务⑤。所有就读职业学校的学生必须与培训公司签订培训合同，包括培训目标、培训开始时间、培训年限和生活津贴。进入企业参加培训，学员的身份是学徒。学徒每周在公司进行 3~4 天的培训，学习专业知识和实践技能，体验本专业的要求和内容，体验自己在实践、生理和情感方面的感受⑥。在学习期满后，大部分学生会留在实习的公司继续工作，也可以在其他企业工作或者继续学习。学生的期末考试不是在学校进行的，而是由相应的行业协会组织的，学生的学习情况是与实践紧密结合的。从企业的角度来看，学生是由企业派来的。企业最清楚学生应该学习什么，以及他们应该学多少。因此，他们对学校

① 刘凤彪. 借鉴德国"双元制"职业教育模式加速我国职业教育的改革与发展 [D]. 保定：河北大学，2004.

② 周志成. 德国"双元制"职业教育的优势及启示 [J]. 北京教育（高教），2018（1）：40-42.

③ 王金永，杨德艳，孟庆学. 校企合作人才培养模式的博弈论分析 [J]. 宁波教育学院学报，2014，16（6）：6-9.

④ 高宏. 德国职业技术教育的特色及启示 [J]. 教育与职业，2004（7）：57-58.

⑤ 弭娜. 独立学院校企合作模式微探 [J]. 教育教学论坛，2015（7）：39-40.

⑥ 胡卫珍. 德国"双元制"职业教育体制的历史沿革 [J]. 网络财富，2010（21）：97-98.

和学生的需求十分明确。从学校的角度来看，学校为企业服务并培训员工。因此，它在专业设置和课程安排方面力求考虑和满足企业的要求。

第二，各类非政府组织参与度高。在"双元制"职业教育中，介于企业与职业学校之间的是各类非政府组织，负责职业教育的组织、协调、考试等事宜。《职业教育法》明确规定手工业协会、工商业联合会、农业协会、律师协会、经济审计员协会、税务咨询员协会、医生协会、牙医协会、药剂师协会等要设立职业教育委员会，并规定职业教育涉及的所有重要问题都要报告职业教学委员会，听取他们的意见。职业教育委员会应在其任务范围内致力于不断提高职业教育的质量。在与德国方面交流中，我们了解到，这类组织是法定的、具有一定政府职能的非政府组织。这样做的益处是：一方面，调动了社会参与职业教育的积极性；另一方面，把政府从烦琐的事务性工作中解放出来①。

（三）技能培训职业化

职业培训在企业和学校进行，但主要是在企业培训。企业培训时间是学校理论教学时间的 3~4 倍，以突出职业技能培训。职业学校的任务是教授与职业相关的基础知识和专业知识，特别注重培养未来职业的实用技能②。职业学校一般每周上课 1~2 天，或者集中教授几个阶段的课程，教学工作一般是在实习培训地点或从事技能培训的企业进行。职业学校课程一般分为两个阶段，第一阶段是基础教育阶段，第二阶段是专业教育阶段。基础教育阶段主要教授学生某一职业领域的知识，专业教育阶段主要是为专业的毕业考试做准备。

第二节　美国的"合作教育"

一、美国"合作教育"的演变

美国"合作教育"始于 1906 年，由施奈德教授提出，经辛辛那提大学董事会同意而在该大学工程系实施。当时该计划吸收了 27 个工程专业的学生参加，当时的做法是把这些学生分为两组，当一组在校内进行理论学习的时候，另一组在当地工厂参加工作，一周后，两组学生互换位置，如此"学工交替"

---

① 周志成. 德国"双元制"职业教育的优势及启示 [J]. 北京教育（高教），2018（1）：40-42.
② 李大卫. 天津市国家职业教育改革实验区实训基地建设研究 [J]. 天津市经理学院学报，2011（2）：14-18.

循环下去①。这种最初的模式已经具备了今天比较典型的"辛辛那提计划"的主要特征，在美国被称为合作教育古典模式。后来，许多学校追随这一模式开展合作教育。如1909年，美国东北大学参照这一模式在工程学院开展了合作教育，并要求所有学生必须参加；1917年合作教育在辛辛那提大学由工程专业扩展到了商业管理；1921年，安条克（Antioch）学院选择了合作教育模式，拓展到所有专业。美国合作教育专家们认为，合作教育开展最初的15年里，合作教育的基本模式已经建立起来了②。

到1960年，合作教育模式出现两个巨大变化。第一个变化是合作教育平行计划模式出现。这种模式可以视为"半天交替制"，典型的做法是学生上午在课堂学习，下午和晚上进行兼职工作，每周的工作时间为15～25个小时。这一做法对于那些比传统学生年龄偏大、有不同要求的学生有特别重要的意义。第二个变化是将合作教育经历计入学分，其作用有三方面：一是进一步将工作经历与理论学习结合起来，二是工作期间学生在学校住宿、正常交纳合作教育费用，三是让教师深入到了合作教育工作中去，他们需要了解、评估学生的工作经历以决定给予学生的学分。至此，合作教育模式已经趋于成熟③。

二、美国"合作教育"的含义

美国国家合作教育委员会对合作教育的基本界定是："合作教育是把课堂学习与相关领域中生产性的工作经验学习结合起来的一种结构性教育策略，学生工作的领域是与其学业或职业目标相关的。合作教育通过把理论与实践结合起来提供渐进的经验。合作教育是学生、教育机构和雇主间的一种伙伴关系，参与的各方有自己特定的责任。"美国合作教育模式是一种由学校主导、企业支持的教育融合机制。这种教育模式的特点是利用学校和企业两种不同的教育环境与教育资源，培养出适应企业需求的应用型人才。学生将课堂学习与工作学习相结合，将理论应用于实际，将工作中遇到的挑战和见解带回学校，促进学校的教与学④。美国职业教育的主体是社区学院。合作教育贯穿于社区大学办学的全过程。实践证明，合作教育符合社会发展的要求，贴近群众的需要。

---

① 徐平. 美国合作教育的基本模式 [J]. 外国教育研究，2003 (8)：1-4.
② 华耀军. 美国合作教育及启示 [J]. 长沙民政职业技术学院学报，2011，18 (3)：118-120.
③ 宁飞. 基于产学合作下的山西中职教育人才培养模式研究 [D]. 太原：山西财经大学，2011.
④ 秦立春，胡红卫. 发达国家政府重视校企合作发展高职教育的启示 [J]. 理论前沿，2006 (13)：33-34.

它是一种学生、学校、企业三方合作、三方受益的教育模式①。

三、美国"合作教育"的特点

美国的"合作教育"模式主要有以下五个特点。

第一，工作训练成为学校教学活动的重要组成部分。为保证工作时间，英国规定三年制学生工作时间不能少于 12 个月，四年制学生工作时间不能少于 18 个月。美国规定进行轮换的每一个"工"和"读"学期的时间长度要大致相当，工作经历的时间不得少于 12 个月②。

第二，保证学习和工作的一致性。学生工作要与其学业目标相联系，并且在工作期间逐步承担更大的工作，从而排除了学生自发出去打工而从事较低层次与学业无关工作等问题；学生在工作中由企业进行日常管理并做出评价，从而保证了工作与评价有机结合；学生在学期内的工作也被授予学分，并成为获取学位的必要条件。

第三，学生能动手操作，不同于过去学校派学生到企业实习那种只能旁观不能动手的方式。

第四，政府强化企业在职业技术教育中的作用，如英国为了使企业在地方的职业教育中发挥重要作用，成立了 80 多个"培训和企业协会"，专门协调学校和企业关系③。

第五，学校在给学生安排工作时主动适应企业的需要，尽可能考虑企业的要求，使企业接受学员工作成为其训练职工和选择新职工的人力资源事业的一部分。

第三节 英国的"三明治"

一、英国"三明治"模式的演变

1975 年英国职业机构发表文章《三明治课程的发展及未来》，提到了"三明治"课程的定义，对英国工业产生的作用，未来的发展，培训管理规定及

---

① 王媛. 沈阳国际科学技术学院学生培养方案的再设计及其实施 [D]. 沈阳：东北大学，2010.
② 冯研. 对国外发达国家产学结合人才培养模式的思考 [J]. 改革与开放，2009 (8)：169-170.
③ 秦立春，胡红卫. 发达国家政府重视校企合作发展高职教育的启示 [J]. 理论前沿，2006 (13)：33-34.

与金融、教育财政、教育计划及学院的关系。1991 年 5 月英国政府发表《面向 21 世纪的教育和训练》，"促使学术资格与职业资格获得同等的尊重。并在两种资格之间建立较为明确和更易沟通的渠道"，开始了普通国家职业资格试点，1995 年以后英国高等教育已经普遍实施该制度，"三明治"模式在此条件下逐渐成为英国职业人才教育的基本模式①。1993 年，在英国保守党政府的《政府预算报告》中提出了英国现代学徒制。从那时起，学徒培训被纳入政府预算，培训资金也得到了保障。学习和技能委员会及其地方委员会负责为该区域的学徒培训提供资金。其资助程序由政府设定，地方政府根据该地区的行业发展，制订各自的资金拨付计划②。

二、英国"三明治"模式的内涵

"三明治"人才培养模式起源于 20 世纪初的英国，是一种"实践—理论—实践"的"工读交替"培养模式。类似于三明治的制作，因此，这种人才培养模式被冠为"三明治"，其实质是工读交替，也就是工作与学习穿插进行③。该模式的做法是：整个学徒期一般持续 4~5 年，第一年徒工脱产到继续教育学院或产业训练委员会的训练中心去学习，在以后的几年中，培训主要在企业内进行，徒工可利用企业学习日每周一天或两个半天带薪去继续教育学院学习，也可去继续教育学院学习一些"阶段性脱产学习"的部分时间制课程，徒工完成整个学徒训练计划，并顺利通过相关考核，还可获得相应的职业资格证书④。这种正规学程中，通过安排工作学期的方式，让学生在工作学期中，以"职业人"的身份参加顶岗工作并获得报酬。其学制主要分为长期和短期两种。长期的工读交替制指在学院学习和在企业工作的年限都较长，如四年制的课程，前两年在学校学习，第三年在企业工作，第四年又回到学校学习、考试，取得证书，即"2+1+1"模式。而短期的则通常为 6 个月⑤。

参与"工读交替"模式的学生分为两类：一类以企业为依托，另一类以学院为依托。依靠企业的学生无论是在企业工作还是在学校学习，都由企业支

---

① 宋小乐. 高职院校"三明治"人才培养模式研究 [D]. 贵阳：贵州师范大学，2015.

② 齐红阳. 从英国现代学徒制看我国职业教育改革 [J]. 当代职业教育，2014 (1)：111-114.

③ 屈昌辉. 高职院校"三明治"人才培养模式实施方案研究 [J]. 中国职业技术教育，2013 (14)：29-31.

④ 方化民. 国外职业教育概览 [J]. 教育与职业，2005 (28)：70-71.

⑤ 高向军. 天津市中等职业教育校企合作发展研究 [D]. 天津：天津大学，2012.

付工资。以学院为基地的学生在学习期间由学院资助，在工作期间由公司支付工资①。企业的学生可以通过学习获取更高的职业资格，改善其职业前程；学院的学生由于在企业实习，因而有可能在择业中处于优势。这种学习形式要求有非常细致、周密的组织，使得学院的学习与企业实习融为一体，同时对教师也提出了比较高的要求②。实践证明，这一模式有利于学生更好地理解理论知识，掌握生产技巧和生产过程中较为重要的管理知识，熟悉自己所从事的生产活动在整个生产过程中的地位及其前后衔接的生产程序和关系③。

这种近乎企业与学校合股办学的人才培养模式，是发达国家扩大职业学校自主权以推动职业教育发展的结果。这种形式区别于其他人才培养模式之处在于：第一，学校不再隶属地方教育当局，而成为自主办学、独立经营的实体，学校具有自主聘用员工、自主与其他单位签订合作协议、管理学校财产和经费、与工业界或政府合办企业、提供技术咨询和服务的权利④。第二，人才培养模式成为内部事务，不再停留在提供实习场所、接受学生工作等层面上，而是深入到学校管理与发展的各个方面，真正建立起学校与企业互惠互利、荣辱与共的关系，参与人才培养全过程成为企业运营中的一个基本任务⑤。第三，学校实行董事会制，基本上按照企业运转模式来运作学校⑥。有工商界代表参加的董事会在做出学校有关决策时无疑会充分考虑企业的需要，把准人才市场脉搏，进而有利于学校发展。为了保证工商业人士在合股办学中的主导地位，有的国家还规定学校董事会中工商企业代表不能少于50%⑦。此外，英国现代职业教育模式注重人的个体差异。在规定学习内容的基础上，适当增加学习内容或延长培训时间，在延长期内，政府仍会提供适当的资助。

① 李大卫. 天津市国家职业教育改革实验区实训基地建设研究 [J]. 天津市经理学院学报，2011 (2)：14-18.

② 刘凯. 中职教育校企合作问题及对策研究 [D]. 长沙：湖南农业大学，2011.

③ 石丽敏. 国外校企合作办学模式的分析与研究 [J]. 高等农业教育，2006 (12)：81-84.

④ 秦立春. 借鉴国外校企合作经验推动我国高职教育发展 [J]. 湖南经济管理干部学院学报，2002 (3)：76-78.

⑤ 张赓. 国际高职产学合作教育的比较研究 [J]. 中国职业技术教育，2006 (6)：34-35.

⑥ 饶绍伦，钟峥，刘银锋，等. 高职院校紧密型产学合作模式和运行方式研究 [J]. 成都纺织高等专科学校学报，2014，31 (1)：52-56.

⑦ 孟利前，张京生，胡清晨. 高等职业教育工学结合人才培养模式探析 [J]. 现代农业科技，2009 (6)：221-223.

第四节 澳大利亚的"TAFE"

一、澳大利亚"TAFE"模式的内涵

"TAFE"(technical and further education)即"技术与继续教育"。澳大利亚的"TAFE"模式始于20世纪70年代初,该模式由政府主导,与企业、行业紧密合作,有统一的教育培训标准,主要以职业教育培训为基础,是一种面向职业资格准入、职业资格与职业教育相结合、注重终身教育和培训、充分体现"能力本位"的职业教育模式[①]。和大学一样,"TAFE"模式是澳大利亚高等教育的一部分,也是非常重要的一部分。其主要目的是培养具有较高专业知识和技术的人才,课程的设置注重专业性和实用性,教学内容是教学工作与课堂教学的有机结合。"TAFE"教育不仅可以提供证书、文凭,还可以提供与大学相关的衔接课程。它可以为学生继续攻读学士学位,甚至更高的学位提供良好的条件。因此,它在澳大利亚非常受欢迎,是未来职业发展的趋势,拿到"TAFE"文凭的毕业生可以直接进入每个行业当中大显身手[②]。经过近50年的不断研究、探索、实践和发展,该体系不断完善,目前已经形成统一的技能认证体系。该体系由澳大利亚资格认证框架(Australia qualification framework,AQF)、培训包(training package & mutual recognized endorsed courses,TP),以及澳大利亚质量培训框架(Australia quality training framework,AQTF)三部分组成[③]。

(一)AQF

AQF是指澳大利亚资格认证框架,共分12级,规定了初等与中等教育、职业教育与培训、高等教育(大学)的分立与贯通;各类证书、文凭、学位之间相互沟通与衔接的具体标准,等等。中等教育、职业技术教育和高等教育之间是彼此衔接的[④],特别是职业技术教育的四级证书、文凭和高级文凭也得到高等教育的承认。在TAFE学院获得资格证书后,毕业生如果想继续进入大

---

① 王茹,梁金柱,于莉.高职院校校企合作动漫人才培养的模式探索 [J].高等职业教育(天津职业大学学报),2010,19(6):53-56.
② 汪卫芳.浅谈澳洲TAFE模式对我国高职教育的启示 [J].职业圈,2007(3):103-105.
③ 职芳芳.澳大利亚高等职业教育国际化办学模式研究 [D].开封:河南大学,2013.
④ 黄斌.澳大利亚TAFE教育与大学教育衔接的路径及启示 [J].江苏社会科学,2012(S1):113-116.

学深造，可以获得相应的学分豁免，即原先的 TAFE 学分可以折算成大学一年至一年半的课程。

（二）TP

TP 即培训包。培训包由行业培训顾问委员会（ITAB）制定，经澳大利亚国家培训局批准后，行业培训顾问委员会向全国发布统一的培训计划，明确行业的资格体系和具体的技能标准。培训包主要由两部分组成：一部分是国家认证部分，主要包括能力标准、资格证书和评估指南三项内容；另一部分是非国家认证部分，包括学习方法指导、评估材料和专业发展资料三方面。培训包是澳大利亚国家职业技术教育培训体系的重要官方文件，也是 TAFE 学院开展职业教育和培训的"指南"①。

（三）AQTF

AQTF 是指澳大利亚质量培训框架，是由澳大利亚国家培训局（ANTA）下设的国家培训质量委员会（NTQC）组织开发，并与州、领地的职业教育与培训管理机构和行业紧密合作，经部长委员会于 2001 年 6 月批准颁布的一套全国标准，根据社会发展和行业需求，国家对该框架定期加以修改和调整，最近一次修订是 2005 年 10 月②。

AQTF 的目标是提供一套全国统一的高质量 VET（职业教育与培训）系统的基本标准，以确保已注册的培训组织（registered training organizations，RTO）及其所颁发的资格证书得到全国的承认。AQTF 主要包括注册培训机构的标准以及国家和地区注册及课程认证机构的标准。这两个标准又分别由若干个标准文件组成，从不同角度对 RTO 的资格标准、自我评估、课程开发、审核方法和要求等做出详细的规定，以确保培训的质量。

二、澳大利亚"TAFE"模式的特点

澳大利亚"TAFE"模式具有以下几个明显的特点和优势。

（一）政府牵头建立全国统一的资格标准体系

从职业技术教育的初建阶段开始，澳洲联邦政府及各州就一直致力于扮演一个政策协调和通过采用财政拨款等非强制性的行政手段来保障培训质量的角色，建立全国统一的资格标准体系，参与 TAFE 学院的布局设置、资金划拨以及培训实施等方面的管理；建立相应的部门和机构加强职业教育和行业之间的

---

① 职芳芳. 澳大利亚高等职业教育国际化办学模式研究［D］. 开封：河南大学，2013.
② 职芳芳. 澳大利亚高等职业教育国际化办学模式研究［D］. 开封：河南大学，2013.

紧密联系；等等：有力地推动和保障了职业教育的良性发展①。

（二）办学方式灵活与多样化

办学方式灵活与多样化主要体现在如下三个方面。

1. 学制和学习对象方面

学院的招生没有年龄的限制，它突破了传统的一次性教育局限，建立了"学习—工作—再学习—再工作"的多循环的终身教育模式②。

澳大利亚的TAFE课程包对学习时间和入学对象没有任何规定。学习时间从三个月到两年不等。根据培训的需要来具体确定，以修满规定的学分，具备相应的职业技能为准。同时，培训对象不受基础、年龄的限制，也没有严格的入学考试制度。只要接受过12年的基础教育就都可以入学③。因此，在TAFE学院，学员的年龄跨度很大，经常可以看到不同年龄的人一起学习，最小的只有十几岁，最大的可能已有五六十岁。但是攻读相同等级的学员一般在基础知识水平方面没有明显的差异，都处于同一"起跑线"④。

此外，学生可以根据自己的时间表自由选择培训或学习时间。例如，有工作的学生可以选择分离培训、在职培训（计划学习和工作相关），或者分离培训和在职培训相结合。学习时间可以是全日制（full-time）的，也可以是兼职学习（part-time）的，可以根据管理信息系统由老师和学生自由选择，TAFE老师也可以根据公司要求的时间授课⑤。

2. 课程设置和教学方式方面

TAFE的课程可以为不同年龄和行业的社会群体提供各种社会和行业改革所需的知识和技能。在课程安排上，提供分阶段和连续的课程，方便学生根据不同时间和不同需要选择课程。部分课程还可以提供学分减免、课程转换、与大学学位衔接等，为学生提供证书、文凭、行业技能培训等多功能立交桥教育培训平台，为学生提供终身学习的良好平台。TAFE的教学内容以培训包为标准，一般没有统一的教材，由各学校和任课教师自主选择教学内容，多以讲义

① 李天和. 澳大利亚TAFE教育对工程测量技术专业建设的启示［J］. 科学咨询（决策管理），2009（3）：86，95.

② 金爱茹. 高职院校校企合作模式研究［D］. 保定：华北电力大学（河北），2009.

③ 李天和. 澳大利亚TAFE教育对工程测量技术专业建设的启示［J］. 科学咨询（决策管理），2009（3）：86，95.

④ 汪卫芳. 浅谈澳洲TAFE模式对我国高职教育的启示［J］. 职业圈，2007（3）：103-105.

⑤ 叶永春. 澳大利亚TAFE学院的学习与借鉴［J］. 泸州职业技术学院学报，2014（3）：45-48.

和辅助资料为主，这也要求老师在授课的过程中与实际需求紧密结合①。

TAFE 课程采用多种灵活的教学方法和手段，以多种方式进行教学，如教室、工作场所、模拟工作场所、网络等。由于班级规模一般较小，人数约为20 人，学生有很多机会在课堂上讨论和发言。教师的教学方法也很灵活。通常，学生是中心，实践是主要手段，职业技能是为所有愿意接受教育或培训的人提供有效服务的教学的核心②。

3. 考核方式方面

TAFE 课程采用多种考核方式，但是理论考核要求宽松，以对实践能力的考核为主。每个培训包课程都有最低的能力考核要求，教师在建议的 12 种标准测试方法中至少选择两种方式进行考核。这 12 种考核方法是：观测（observation）、口试（oral questioning）、角色扮演/模拟操作（role-play/simulation）、第三者评价（third-party report）、证明书（portfolio）、面谈（interview）、自评（self-evaluation）、案例分析（case study）、工件制作（product）、书面测试（written test）、录像（video）和其他（others）。评价体系注重过程考核和结果考核相结合，但过程考核的比例高于结果考核。教师在授课前应明确告知学生进行课程评估的方法和具体时间安排。每门课程至少使用两种评估方法，每一种评估方法将最大限度地涵盖课程的学习内容。每个要素必须至少评估两次，这些方法能够全面、客观地考查课程的重点，强调学生平时的学习和数据积累，注重实践能力的培养。因此，对于一些课程的考试，学员必须从一开始就认真准备材料，并在学习过程中注意培养和提高自己的实践能力。综合运用这些方法能更有效地培养学生的能力，考核结果能更准确地反映学生的实际能力③。

（三）行业主导，产学研一体化

强调与行业的紧密联系，充分发挥行业的主导作用，是澳大利亚职业教育的另一大特色。在职业教育改革探索中，澳大利亚逐步形成了以产业为主导的职业教育体系，极大地支持和促进了 TAFE 的可持续发展，形成了产学研一体化的良好局面，也使 TAFE 备受青睐和称赞。行业的主导作用具体表现在以下四个方面。

---

① 李天和. 澳大利亚 TAFE 教育对工程测量技术专业建设的启示 [J]. 科学咨询（决策管理），2009（3）：86, 95.

② 吕红. 澳大利亚职业教育课程质量保障的研究 [D]. 重庆：西南大学，2009.

③ 李晓哲. TAFE 模式与高校教学改革 [J]. 山东电力高等专科学校学报，2008（4）：6-8, 13.

1. 主导有关宏观决策

在澳大利亚，国家和各州管理 TAFE 的组织机构，主要由来自并代表行业意愿的人员组成。例如，代表澳大利亚联邦政府管理 TAFE 的澳大利亚国家培训局（ANTA）由来自政府、工业界和教育界的代表组成，其中大多数来自澳大利亚的支柱产业。其他重要机构，如联邦和州 TAFE 的行业和培训咨询委员会，以及州 TAFE 服务部门大多由行业人士组成。这些机构在适应就业市场、满足企业需求、争取经费投入等 TAFE 发展的重大问题上做出的宏观决策，充分体现了行业的主导作用①。

2. 参与办学的全过程

在 TAFE 学院的整个办学过程中，行业参与办学的全过程，具体表现在以下四个方面：制定学校办学操作规范、直接参与学校管理、丰富高校教师队伍和支持培训基地建设，为 TAFE 教育提供强大的动力和有效的保障。

3. 负责教学质量监督和评估

行业还负责定期对教学质量进行监督和评估。除每年对学校教学质量进行评估外，国家和国家行业培训咨询委员会还经常调查用人单位对职业教育和培训的满意度，企业会积极参与这种调查，提供对职业教育和培训的意见与建议。1999 年至 2000 年，对 6 000 家公司的雇主进行的调查显示，83% 的雇主对TAFE 感到满意，74% 的雇主认为培训的价值已体现在员工素质和生产力的提高上②。

4. 政府立法规定企业用于员工培训的资金

从 20 世纪 90 年代中期开始，澳大利亚政府就通过立法规定企业必须拿出相当于工资总额 2% 的资金用于职业培训，其实一般企业都已大大超过了这个比例。企业培训一般是由企业先提出员工培训的需求和目标，再进行招标，TAFE 派人与企业内专职培训教师共同研讨、制订培训项目计划，包括课程设置、课时安排、教材选取、考核与评估、时间、场地、费用等，经公司认可后，由 TAFE 照此实施。

各州和各国还设有行业培训委员会作为培训机构顾问，发挥桥梁和纽带的作用。行业培训委员会一头连着产业，另一头连着国家培训局、各州教育培训部及其 TAFE 学院。以这种方式开展的职业教育和培训，使 TAFE 学院与企业相互依托、相互支持、共同发展。一方面，行业根据用人单位的特殊培训需

---

① 石藏. 充满活力的澳大利亚技术与继续教育［J］. 中国高等教育，2001（Z3）：60-62.

② 汪卫芳. 浅谈澳洲 TAFE 模式对我国高职教育的启示［J］. 职业圈，2007（3）：103-105.

求，将培训分配给 TAFE 学院。据估计，该行业每年在各种形式的培训上花费约 25 亿澳元。另一方面，学院也必须依靠企业，为企业"顾主"服务[1]。

第五节 法国的"学徒培训中心"

一、法国"学徒培训中心"模式的内涵

法国"学徒培训中心"模式是法国典型的人才培养模式，该模式使企业培训与学校教育有机结合。学徒培训中心由地方政府、行业协会和企业共同主办。它是一种半工半读、工学交替的职业教育机构。学徒制分为中等教育和高等教育两个层次，涵盖各种国家职业资格证书和文凭。学徒制涵盖广泛的领域，包括工商业、农业和渔业、手工业、服务业，以及其他私人和公共服务行业。学徒既是学生又是员工，可以从企业获得补贴，补贴金额一般在最低工资的 25% 到 80% 之间。政府通过学徒培训税（TA）、拨款等各种形式对学徒教育进行补贴和扶持。法国政府规定，所有公营或私营企业、协会、自由职业者都有资格签署学徒合同，只要它们为学徒提供必要的培训[2]。法国学徒制采用的是半工半读的方法，学徒必须在企业工作，并在导师的指导下接受实训。他们还必须在学徒培训中心学习理论知识。学徒年龄一般在 16~25 岁，占法国这一年龄段总人口的 5.2%。从受教育水平看，接受中等职业教育的学徒占学徒总数的 70%，接受高等职业教育的学徒占学徒总数的 30%。企业向学徒支付工资，并与学徒签订培训合同。实践课程在企业开展，企业的师傅负责指导。学徒培训中心主要开设技术理论课程和文化通识课程。国家立法规定企业要履行职业教育义务，并对参加学徒培训的企业给予补贴。

二、法国"学徒培训中心"模式的特点

（一）多层次培养

学徒培养的教育层次比较多，最低水平是初中毕业两年后，最高层次为硕士研究生毕业。根据法国国家职业资格认证委员会的划分，法国学徒的培养可以分为五个层次。五级为初中毕业两年后获得职业能力证书（CAP）；四级相当于职业高中层次；三级相当于高职（两年制专科）水平；二级相当于本科

---

① 汪卫芳. 浅谈澳洲 TAFE 模式对我国高职教育的启示 [J]. 职业圈，2007（3）：103-105.
② 于力晗. 从这里读懂法国学徒制 [J]. 重庆与世界，2018（10）：16-17.

（高中毕业后三年）的水平；一级相当于硕士学位（高中毕业后 5 年）水平。2012 学年，法国有 438 100 名学徒，其中 42.4%接受五级教育，也就是说，初中毕业后，他们接受了两年的教育，获得了职业能力证书。四级学徒人数占总人数的 26.7%，女学徒的比例相对较低，占 32%。此外，学徒制设预科班，通常设在初中或高中。学生在接受学徒教育前，可先参加预科班。学徒预科班的人数很少，每年只有大约 7 000 人。

（二）教育部与地方联合监管

学徒培训中心是学徒学习理论知识的主要机构，提供应用型综合类和技术类教育。学徒培训中心的教学监督主要由教育部负责，财政和技术监督主要由地方（地区）负责。法国近一半的学徒培训中心为私立机构（49.9%），工商会或行业协会机构占 20%以上。

学徒培训中心可由各工商会、行业协会、教育机构或企业与地区理事会签订协议而成立，协议有效期为 5 年，可延续。学徒培训中心的资质每年必须重新申请认定。每年各主要地区有关部门对本地区内所有学徒培训中心进行审核，并公布该年通过认证的学徒培训中心的名单。除学徒培训中心外，有些高中或大学还设有学徒班。2013 学年，法国共有 1 013 个学徒培训中心和学徒班，其中 851 个由教育部管理。

（三）涉及专业范围广

2012 年，法国学徒制涉及学科专业如下：数学与科学，人文科学与法学，文学与艺术，生产制造综合技能，农业、渔业和林业，电力与电子，加工，土木工程，建筑与木工，机械，软材料，服务业综合技能，交流与管理，传播与信息，个体服务或集体服务。总体来看，学徒制专业设置偏重生产制造行业（包括土木工程、建筑与木工等）和服务业。中等职业教育中的学徒专业多涉及生产制造业（占比 68%）；高等职业教育中的学徒专业设置则偏重服务业（占比 58.8%），特别是交流与管理专业。

（四）政府立法提供财政支持

法国学徒培训中心的资金主要来自国家或地区补贴、管理机构投入和学徒培训税。2013 年，法国政府将学徒培训税和学徒发展税合并为学徒培训税。2014 年 3 月，法国政府颁布了《职业教育、就业和社会民主法》，改革了学徒教育，特别是学徒财政制度体系，加强了大区议会在学徒教育中的作用，促进了学徒教育的质与量同步发展。2014 年 8 月，法国政府在年度《金融法修正案》中全面实施学徒税的重大改革。从 2015 年开始，法国开始征收两种与学徒相关的税收：一种是学徒培训税，另一种是学徒培训附加税（CSA）。

第六节　日本的"产学官"

一、日本"产学官"合作模式的演变

日本人才培养模式被称为"产学官"合作模式，被世界公认为当今职业教育的成功典范。"产学官"合作模式从明治维新初期开始萌芽，经历了一个长期的演变过程，尤其经过最近几十年的探索和发展，已取得举世瞩目的成就。

日本"产学官"合作模式经历了三个阶段：第一个阶段（战后初期—20世纪70年代初）是"产学官"合作政策从管制转向缓和的阶段。第二个阶段（20世纪80年代初—80年代末）是"产学官"合作政策开始出台阶段。从20世纪80年代开始，日本实行国家项目管理制度，促进了以个人参加为主的"产学官"合作。1980年日本提出技术立国战略之后，"产学官"合作模式发展更加迅速。第三个阶段（20世纪90年代初至今）是"产学官"合作体制、机制规范化阶段。自20世纪90年代始，为适应社会和产业界对"产学官"合作的要求，日本政府于1995年颁布了《日本科学技术基本法》，之后针对如何促进"产学官"合作提出了若干对策，如1996年的第一期科学技术基本计划和1998年文部科学省的《21世纪的大学和今后的改革的对策》等①。日本"产学官"合作模式从萌芽至今，始终坚持以政府为主导，"日本政府对职业教育起着绝对的宏观调控和管理作用"②。

二、日本"产学官"合作模式的内涵

日本"产学官"合作中的"产"指产业或企业，"学"即大学（国立或私立），而对于"官"的内涵阐释主要有三种观点：第一种观点认为"官"指国立研究机构，其主要作用是承担周期长、风险大、费用高的研究课题；第二种观点认为"官"包括政府管理部门以及国立研究机构，除了国立研究机构的作用外还要承担制定"产学官"合作的政策措施与战略方针等重任；第三

---

① 肖霞. 日本政府主导下的高职产学官合作及其启示 [J]. 扬州教育学院学报，2013（3）：56-59.

② 尹金金. 德、美、日职业教育校企合作制度比较研究：基于历史视角与特征的分析 [J]. 职业技术教育，2011（19）：86-89.

种观点则认为"官"只包括政府部门，而国立研究机构应归属于"学"这一主体。但随着 2001 年科技厅的解体，大学与国立研究机构的"学"由文部科学省管辖，"产"则由经济产业省管辖，"官"指政府职能部门，"产学官"三方合作主体得以形成①。

三、日本"产学官"合作模式的特点

（一）法律保障

日本政府高度重视相关立法工作，通过中央和地方立法机关制定法律法规，使人才培养模式有章可循、有法可依。有关人才培养模式的法律主要有：《职业介绍法》《职业安全法》《雇佣对策法》《工厂法》《职业训练法》《产业教育振兴法》《职业教育法》《学校教育法》以及《社会教育法》等。1985年，日本政府修订了《职业训练法》，将其更名为《职业能力开发促进法》。该法成为日本职业教育人才培养模式的基本法。其目的是实施职业培训和技能鉴定以促进职业教育发展，提高专业技术人员的能力，为经济社会发展做出贡献。2006 年日本政府出台了"实习并用职业训练制度"，并将其写进了新修订的《职业能力开发促进法》，同时配合修订了《中小企业劳动力确保法》，以确保政府对实施"实习并用职业训练制度"的中小企业及事业团体提供资金、政策等方面的支持。政府还制定了《创造性科学技术推进制度》《科学技术基本法》《产业技术力量强化法》《研究交流促进法》等法案来促进校企合作。

日本高等职业教育立法经历了一个不断发展和完善的过程。这些法律不仅涉及人才培养模式的具体环节，而且涉及人才培养模式的责任以及实习生的劳动报酬和劳动保障。法律法规具有约束力，从制度上保证了日本人才培养模式的顺利推进，促进了日本职业教育乃至日本产业的发展②。

（二）财政保障

从日本高等职业教育人才培养模式的发展来看，政府提供财政支持推动"产学官"合作的发展。从某种意义上说，提供财政支持也是日本最有效的教育政策。日本职业培训经费由国家、地方政府和企业共同承担。公立学校承担了国家资金的 50%；企业办学校占国家、地方和企业的三分之一。《科学技术基本法》《产业技术力量强化法》等规定了政府对校企双方合作应尽的职责，

---

① 曹勇，秦玉萍. 日本政府主导型产学官合作模式的形成过程、推进机制与实施效果 [J]. 自然辩证法通讯，2011（5）：93-100.

② 肖霞. 日本政府主导下的高职产学官合作及其启示 [J]. 扬州教育学院学报，2013，31（3）：52-55.

为合作企业提供了优惠政策①。《职业能力开发促进法》规定实施"实习并用职业训练制度"，招募年轻人开展职业技能培训，可以获得"能力开发助成金"，其额度为内部培训成本和职业教育机构培训成本的一半，但每个公司最多不超过 500 万日元；实施"实习并用职业训练制度"的中小企业和企业集团可以在高职院校招收学生并进行试用，实习生可获得每人每月 4 万日元的"试行雇佣奖励金"，最多可支付 3 个月②；同时，还对接收实习生的企业给予相应的税收优惠政策等。2003 年颁布的《特别共同试验研究税额扣除制度》规定，企业可以与高校、公共科研机构联合研究或委托研究，共同减免相当于研究开发总成本 12%的税收。《增加试验税制的适用延长期》规定企业可以延长减免期限，也可以根据实际情况灵活选择减免时间③。

（三）中介机构参与

日本政府的一系列优惠政策和财政支持，鼓励和促进了社会各界特别是企业界积极支持和参与职业教育，形成了良好的校企合作驱动机制。为了促进产学研合作，日本政府主导成立了许多中介组织和机构。据文部科学省技术研究所和三菱综合研究所的联合统计，"日本近 90%的国立大学、60%的公立大学和 40%的私立大学都建立了产学研合作窗口。从 1999 年到 2004 年，各高校科研机构共建立了 354 个产学研合作窗口。"④为了改善日本公司、企业与高职院校之间相对封闭的状态，日本政府建立了"科学技术振兴事业团"，逐步建立了开放的产学研合作网络体系，为校企合作搭建交流与合作平台。同时，学校牵头组建了由政府部门、教育部门、企业专家、中介机构等组成的校企合作评估机构，定期监测和评估校企合作项目的运作过程和成果，确保人才培养模式的有效性。同时，这些监督评估机构也对学校的财务分配进行监督，具有独立制定行业标准和学校标准的权力，在产学研合作中发挥着重要作用⑤。

---

① 肖霞. 日本政府主导下的高职产学官合作及其启示 [J]. 扬州教育学院学报，2013，31 (3)：52-55.

② 李毅. 地方本科院校办学模式调整：基于大学生就业视角的思考 [J]. 河南商业高等专科学校学报，2009 (4)：108-110.

③ 肖霞. 日本政府主导下的高职产学官合作及其启示 [J]. 扬州教育学院学报，2013，31 (3)：52-55.

④ 智瑞芝. 日本产学合作演变及政府的主要措施 [J]. 现代日本经济，2009 (3)：34-39.

⑤ 肖霞. 日本政府主导下的高职产学官合作及其启示 [J]. 扬州教育学院学报，2013，31 (3)：52-55.

第七节　新加坡的"教学工厂"

"教学工厂"是新加坡借鉴德国"双元制"而发展起来的一种新的人才培养模式。

一、新加坡"教学工厂"模式的内涵

什么是"教学工厂"？"教学工厂"是 20 世纪 80 年代初由南洋理工学院院长林靖东提出的一种教学模式。新加坡的"教学工厂"并不是我们传统意义上的教学实习工厂，而是将教学和工厂紧密地结合起来，即把学校按工厂模式办，给学生一个类似于工厂的学习环境，让学生通过真实的生产和实际的项目设计，直接学到实际的知识和技能。其具体做法是：学校从生产厂家承揽工业生产项目作为学生毕业设计的课题。生产厂家以提供或借用的方式在学校装备一个完全与实际工厂一样的生产车间，学生在教师（组织项目并讲课）和工人师傅的指导和训练下进行实际生产操作。因此，"教学工厂"教学模式不但能让学生巩固所学的理论知识，而且通过实际生产，学生学会了未来上岗必须掌握的基本技能，真正做到了学以致用[①]。学生所做的项目是企业当前最需要开发的实际项目，学生在"教学工厂"里所生产的产品是企业正在生产和销售的产品。从某种意义上说"教学工厂"是真正意义上的人才培养模式机制。这种模式与我国教学实习的区别是：一是强调学生的独立操作；二是项目必须进行成本核算，以不蚀本并有微利为原则，使学生得到真正的生产经营训练[②]。

二、新加坡"教学工厂"模式的特点

"教学工厂"模式是南洋理工学院在德国的"双元制"、英国"三明治"模式、澳大利亚 TAFE 等先进的职业教育人才培养模式的基础上，加上新加坡独特的民族特色形成的职业教育模式，即创建一个实际的企业环境作为教学环境，学生通过参与公司项目和研发项目，多元化地获得知识和技能。

---

① 王振朋. 新加坡南洋理工学院"教学工厂"下的课程模式及其引鉴 [J]. 齐齐哈尔职业学院学报，2010，4（1）：5-9.

② 魏炜. 新加坡职业技术教育的成功经验及启示 [J]. 上海青年管理干部学院学报，2004（4）：23-26.

"教学工厂"将实际的企业氛围引入教学环境之中，并将两者融合在一起。但南洋理工学院的"教学工厂"不是简单的模拟或模仿，而是在教学工厂中完成实际企业项目和研发项目，这样就可以使学生将学到的知识和技能应用于多元化、多层次的工作环境之中。"教学工厂"理念强调以学校为本位，而不是以企业为本位，是在现有教学系统（包括理论课、辅导课、实验和项目安排）基础上设立的，即在教学环境中营造实际的企业氛围，通过企业项目和研发项目培养学生的知识应用能力和创新能力①。南洋理工学院与新加坡300多家大中型企业和几十家跨国企业有着密切联系，企业为学校提供先进设备、研发资金和实习岗位，供学校教学、研发和培养人才使用，如南洋理工学院依托各系部与新加坡国防科技研究所合作成立了专用集成电路创新中心；与微软合作成立了视窗移动解决方案中心；与IBM合作成立了万维网服务创新中心和射频识别创新中心；与思科合作成立了协同操作验证中心；与政府合作成立了化学加工科技中心及新加坡零售管理学院；等等②。

南洋理工学院各系部根据专业方向设置了不同的专业科技中心，其核心任务是：①专项教学；②在职专科培训；③企业项目开发；④应用科研项目开发。同时实行企业化管理，通过ISO 9000认证，各个系部实行系主任负责制，下属各科技、创新中心实行经理负责制。每个科技中心由一名经理、1~2名副经理负责，专业教师根据专业方向分属各科技中心，以科技中心为主体承接企业项目，经理既是科技中心的管理者，也是专业方向的负责人，教师既是科技中心的项目研发人员，也是课程负责人。含有多元技能的系统项目由系部的多个科技中心联合开发，特大型项目由牵头系部组织、学院相关部门协调，跨系组织项目团队。

该模式将实际的企业氛围引入到教学环境中，两者紧密结合，结合的载体是企业项目和研发项目。这种校企之间的紧密合作，使教师的知识和技能不断更新，真正做到"用最新的技术培养今天的学生，服务未来"。学校可以提供专业人员，解决技术问题或设计开发项目和产品。"教学工厂"真正实现了师生双赢的发展，实现了校企双赢。

---

① 孟国强，张胜宾. 新加坡南洋理工学院"教学工厂"模式下的教学实施分析 [J]. 职业教育研究，2012（7）：177-178.

② 赵家华. 南洋理工学院的教学工厂与教学质量管理 [J]. 计算机教育，2008（9）：22-23.

第八节　国外人才培养模式对比与借鉴

一、国外职业教育人才培养模式对比

为了便于清晰对比，笔者抓取关键词形成表 3-1，主要从培养主体、利益相关者、实施形式、参与内容、对企业的鼓励政策、时间分配和对学生的激励七个维度进行对比，得出如下结论：国外的职业教育人才培养企业参与度高，参与的内容丰富，实施形式主要采用工学交替，对企业和学生大多有激励政策。

表 3-1　国外职业教育人才培养模式对比与借鉴分析

模式	内容						
	培养主体	利益相关者	实施形式	参与内容	对企业的鼓励政策	时间分配（学校/企业）	对学生的激励
德国的"双元制"	学校与企业双主体	政府、非政府组织（协会、联合会）	工学交替	教学计划、教学实施、教学评价	财务补偿、税收优惠	1:4	有学分
美国的"合作教育"模式	学校主导，单主体	企业	工学交替	参与管理和评价	无	3:1	带薪、有学分
英国的"三明治"	学校与企业双主体，合股办学	企业	工学交替	参与管理和评价	无	3:1	带薪、有学分
澳大利亚的"TAFE"	行业主导	政府、学校、企业	工学交替或并行式	制定学校办学操作规范，直接参与学校管理	财政拨款	无规定	学分减免
法国的"学徒培训中心"	学徒培训中心主导	政府、行业协会和企业	工学交替	教学计划、教学实施、教学评价	政府补贴和扶持	无规定	获得企业补贴
日本的"产学官"	学校主导，单主体	企业、中介组织和机构	工学交替	开展职业技能培训	优惠政策和财政支持	无规定	有学分
新加坡的"教学工厂"	学校主导，单主体	企业	工学交替	企业项目，提供先进设备、研发资金和实习岗位	无	无规定	有学分

二、国外职业教育人才培养模式借鉴

经过对比分析，并结合我国实际情况，笔者认为以下四个方面值得我国在创新高职人才培养模式方面借鉴。

（一）以学生就业为方向

使学生在校期间便有大量时间走出校门参加实际工作，大大提高了学生的就业能力。以学生就业为方向，学生基本素质和综合能力的培养便自然受到重视。在产业部门、学校和学生三者中，学生也自然成为中心①。为了提高学生的基本素质和综合能力，在对学生工作学期表现的考核中将品格和交际能力放在首位，而把专业对口放在较为次要的地位。

（二）学生顶岗，有工资

学生在工作学期中顶岗工作的一个主要标志是工作有报酬。学生的工资一般与相同岗位长期雇员工资一致。如美国的合作教育中学生的收入依地区消费水平、工作领域和教育程度的不同而不同，平均每个学生工作学期年收入在2 500美元至14 000美元之间②。

（三）国家立法，有制度保障

国外人才培养模式教育是在国家法律保障体系下开展的，如英国通过立法促使企业参与教育，德国《职业教育法》规定了企业进行职业培训的责任，澳大利亚的国家认证体系和培训包是办学必须遵循的教育法规③。学校的教学和培训工作就是在这些国家制度的保障下开展的，为社会的发展培养了无数的人才。

（四）政府政策，有支持

从国外人才培养模式一体化发展的角度来看，政府的支持是必不可少的。政府所采取的优惠政策或说明性政策，鼓励和促进了社会各界特别是企业积极支持和参与合作，形成了开展人才培养模式的动力机制。例如，德国要求企业接受学生实习，一些国家税收可能会被免除。澳大利亚要求企业提供教育和培训的总工资。

① 金爱茹. 高职院校校企合作模式研究 [D]. 保定：华北电力大学，2009.

② 徐梦虹，胡文宝，赵业廷，等. 美、加合作教育及其对我国合作教育的几点启示 [J]. 石油教育，1998 (9)：38-47.

③ 徐涵. 三种职业教育人才培养模式的基本特征与评价 [J]. 江苏技术师范学院学报（职教通讯），2008 (6)：25-28.

第四章 高职院校人才培养的现状 与问题分析

高职院校校企合作离不开国家政策法规的支持，我国自改革开放以来陆续出台了一系列政策来推动校企合作的发展。本章对改革开放以来，我国在校企合作和双创人才培养方面的相关政策进行梳理，并对当前校企合作和双创人才培养的现状及存在的问题进行分析。

第一节 高职教育校企合作的政策演变

改革开放以来，我国高职教育校企合作政策经历了探索、形成、发展和深化四个阶段。

一、国家层面的校企合作政策演变历程

（一）高职校企合作政策探索阶段（20 世纪 80 年代）

1983 年颁布的《关于改革城市中等教育结构、发展职业技术教育的意见》提出"职业学校可与其他部门或企事业单位联合办学"。1985 年，《中共中央关于教育体制改革的决定》提出，"发展职业技术教育，要充分调动企事业单位和业务部门的积极性，鼓励集体、个人和其他社会力量办学，提倡各单位和部门自办、联办或与教育部门合办各种职业技术学校"。1986 年，原国家教委、国家计委、国家经委下发的《关于经济部门和教育部门加强合作，促进就业前职业技术教育发展的意见》提出"企业与各类职业技术学校对口建立必要的协作联系"①。1987 年，国家教委《关于改革和发展成人教育的决定》

---

① 教育部. 关于经济部门和教育部门加强合作，促进就业前职业技术教育发展的意见：教职字〔1986〕011 号〔Z〕. 1986-06-23.

提出："职工大学、职工业余大学、管理干部学院应当利用自己同企业、行业关系密切的有利条件，结合需要，举办高等职业教育。"[①]

这一时期虽然没有明确提出产教结合、校企合作、工学结合等概念，但是在宏观层面给职业教育指明了发展方向，职业教育应该加强与企业的联系，鼓励企业与学校联合办学。

（二）高职校企合作政策形成阶段（20世纪90年代）

首次在国家政策文件中提出工学结合，明确职业教育要实行产教结合的人才培养模式是1991年国务院颁布的《关于大力发展职业技术教育的决定》。该决定提出"我国职业技术教育必须采取大家来办的方针，在各级政府的统筹下，发展行业、企事业单位办学和各方面联合办学，提倡产教结合，工学结合"。政府在该文件中的用词比较谨慎，是提倡和鼓励产教结合。但时隔不到两年，即1993年，国家又发布了《中国教育改革和发展纲要》，在纲要中强调"职业技术教育要依靠行业、企业、事业单位办学和社会各方面联合办学，走产教结合的路子"。这次提到要走产教结合的路子，语气较1991年提出时更加肯定，但这两次的政策也仅仅是宏观方面的，没有对具体如何做给出指导性的意见。1995年，国家教委颁布的《关于普通中等专业教育（不含中师）改革与发展的意见》提出"中等专业学校在主要依靠行业、企业办学的同时，积极推动行业间、企业间、学校间的联合办学，大力兴办校办产业，走产教结合的道路"。该政策可以说标志着职教产教结合、工学结合人才培养的指导性思想已初步形成，因为政府首次对产教结合怎么做给出了具体的回答，强调要通过大力兴办校办产业来实施产教结合。1996年国家颁布《中华人民共和国职业教育法》（以下简称《职业教育法》），该法的颁布标志着我国职业教育法制建设步入正轨。该法的第二十三条规定："职业学校、职业培训机构实施职业教育应当实行产教结合，为本地区经济建设服务，与企业密切联系，培养实用人才和熟练劳动者。"[②]《职业教育法》的出台将职教产教结合、工学结合人才培养的指导思想上升到法律层面，以法律法规的形式确立下来，为企业参与职业教育转向更深层次的人才培养奠定了基础。1998年教育部提出了《面向21世纪教育振兴行动计划》，该计划提出："加强产学研合作，鼓励高等学校与科研院所开展多种形式的联合、合作，优势互补，讲求实效等。"[③]为贯彻

---

① 国家教委. 关于改革和发展成人教育的决定：国发〔1987〕59号〔Z〕. 1987-06-23.

② 中华人民共和国职业教育法：中华人民共和国主席令第69号〔Z〕. 1996-09-01.

③ 国务院批转教育部《面向21世纪教育振兴行动计划》〔J〕. 湖南教育（上旬），1999（6）：2-3.

《职业教育法》，1998 年 3 月，国家教育委员会、国家经济贸易委员会、劳动部联合颁布了《关于实施〈职业教育法〉加快发展职业教育的若干意见》（教职〔1998〕2 号），这一文件对贯彻产教结合进行了工作部署。文件用大量文字阐明了贯彻产教结合的原则，明确提出"企业要依法承担实施职业教育的义务"，"在实施职业教育的过程中，坚持教学与生产劳动相结合，切实加强生产实习、职业技能训练和实践性教学环节，使培养的人才更加适合企业与社会的需要"，并对"支持职业学校和培训机构发展校办产业"等进行了工作部署。

1998 年 8 月，国家颁布《中华人民共和国高等教育法》（以下简称《高等教育法》）（1998 年 8 月 29 日中华人民共和国主席令第 7 号），标志着市场本位政策的正式确立，高等教育的管理权限从中央向地方转移，高校自主办学权力逐渐扩大，由此也意味着高等教育体系的内部环境发生了深刻变化，学校与政府、行业、企业的关系也发生了深刻变化。随着经济体制的改革，国家开始对高校管理体制与运行机制进行改革。第一，政府的教育职能逐渐缩小，确立了市场治理模式，对高等教育的直接投入逐渐减少。根据中国教育统计年鉴的相关数据，1999—2005 年，高校生均预算内经费支出从 2 962.37 元降至 2 237.57元，许多学校都曾一度面临严重的经费问题，中等职业学校办学经费虽有增加的趋势，即从 1999 年的 228.58 元增加到了 2005 年的 336.66 元①，但从生均支出数额上可以看出，国家政策更加倾向于普通本科高校，其生均开支将近中等职业学校的 10 倍，职业学校办学经费困难。第二，许多学校脱离行业、企业的管理，成为独立的办学主体，同时行业部门、企业组织对于职业教育发展的职能也被弱化，行业指导、企业参与职业教育的活动也越来越少，产教结合的良好势头没有得到进一步发展，市场对于职业教育的认可度逐渐降低。第三，随着《高等教育法》的实施，高等教育体系中引入市场机制，所有学校都需要在市场中获取办学资源，尤其在其他高等学校自身实力不断提升的情况下，职业教育生存和发展的空间受到了教育体系内部的挤压而逐渐缩小。另外，职业教育自身办学力量薄弱，社会地位不高，职业教育体系缺乏上下贯通的发展道路，社会认可度进一步降低，在市场竞争中总是处于劣势地位，无法获得政府和产业部门有效的政策支持，产教之间缺乏有效衔接的桥

①　全国教育经费执行情况统计公告（1999、2005 年）［EB/OL］.http://www.edu.cn/jiao_yu_jing_fei_497/20070102/t20070102_212602.shtml.

梁，产教结合也由此陷入困境①。

这一时期，国家从法律层面确定了职业教育的合法地位，并明确提出了"工学结合、校企合作"的产教结合政策，同时积极推行职业教育改革，政府设立大量职业教育人才水平评估和重点建设项目，各高职院校顺应国家政策，大力推行办学模式、人才培养模式等改革，高职教育与产业的关系越来越紧密，产教结合取得了一定效果。政策导向层面期待职业教育向"政府主导、行业指导、企业参与"的产教结合方向发展，但是在实践中合作的深度和广度还不够，产教结合往往浮于表面。

（三）高职校企合作政策发展阶段（2000—2009年）

为适应经济社会发展对高素质技能型人才的更高要求，2002年，国务院颁布的《关于大力推进职业教育改革与发展的决定》（国发〔2002〕16号）提出"深化职业教育办学体制改革，形成政府主导、依靠企业、充分发挥行业作用、社会力量积极参与的多元办学格局，企业要和职业学校加强合作，实行多种形式联合办学"②。2003年，《关于实施职业院校制造业和现代服务业技能型紧缺人才培养培训工程的通知》要求"行业、企业专家与学校一起按照工作流程和岗位需要共同开发核心课程与训练项目，以满足用人单位对专业技能人才的需要"③。2004年，教育部等七部门联合发布《关于进一步加强职业教育工作的若干意见》（教职成〔2004〕12号）提出"职业院校要坚持以服务为宗旨，以就业为导向，面向社会、面向市场办学，推动产教结合，加强校企合作"④。"校企合作"首次在国家政策文件中被提出，此时"产教结合"的概念上升为"校企合作"，国家对这种模式的参与主体进一步明确和具体化，强调产教结合应该是学校和企业的结合。同年，教育部颁布的《关于以就业为导向深化高等职业教育改革的若干意见》（教高〔2004〕1号）提出"高等职业教育应以服务为宗旨，以就业为导向，走产学研结合的发展道路"。2005年，国务院颁布的《关于大力发展职业教育的决定》（国发〔2005〕35号）提出"职业院校与企业紧密联系，加强学生的生产实习和社会实践，改

---

① 罗汝珍. 职业教育产教融合政策的制度学逻辑分析 [J]. 职业技术教育，2016，37（16）：8-13.

② 国务院. 关于大力推进职业教育改革与发展的决定：国发〔2002〕16号 [Z]. 2002-08-24.

③ 国务院. 关于实施职业院校制造业和现代服务业技能型紧缺人才培养培训工程的通知：教职成〔2003〕5号 [Z]. 2003-12-03.

④ 教育部等七部门. 关于进一步加强职业教育工作的若干意见：教职成〔2004〕12号 [EB/OL]. (2004-09-14). http://www.moe.gov.cn/srcsite/A07/moe_737/s3876_qt/200409/t20040914_181883.html.

革以学校和课堂为中心的传统人才培养模式，大力推行工学结合、校企合作的培养模式；逐步建立和完善半工半读制度，推动公办职业学校与企业合作办学"①。此文件中国家政策层面首次对职业教育校企合作的培养模式给予了明确和肯定。2006年颁布的《教育部关于职业院校试行工学结合、半工半读的意见》（教职成〔2006〕4号）提出"进一步加强校企合作，加快推进职业教育人才培养模式向工学结合、校企合作的根本性转变；职业院校要紧紧依靠行业企业办学，进一步扩展和密切与行业企业的联系，大力推行工学结合、校企合作的培养模式"②。至此，工学结合、校企合作已经成为职业教育人才培养模式改革的重要切入点，工与学、校与企的结合更加深入；使"学"由学校的课堂走向企业的工作场景，使"工"具有了真正的实践和教育意义③。2008年，教育部《关于进一步深化中等职业教育教学改革的若干意见》（教职成〔2008〕8号）要求："学校要与企业共同组织好学生的相关专业理论教学和技能实训工作，处理好学生'工'与'学'的关系，保证学生顶岗实习的岗位与其所学专业面向的岗位群基本一致。"④

（四）高职校企合作政策深化阶段（2010年至今）

2010年，《国家中长期教育改革和发展规划纲要（2010—2020年）》提出"建立健全政府主导、行业指导、企业参与的办学机制，制定促进校企合作办学法规，推进校企合作制度化"⑤。至此，行业企业参与职业教育的体制机制创新问题引起了人们的关注，国家为行业企业积极参与发展职业教育指明了方向，并首次在国家政策层面提出校企合作的制度化建设，为推进校企合作的深入开展提供了制度保障。同时，地方政府和各级教育部门为了加强职业教育校企合作的制度化建设，促进校企合作有法可依，也开始重视校企合作法规的制定。此时，我国职教校企合作逐步走上了法制化建设的道路⑥。教育部下发了《关于推进高等职业教育改革创新引领职业教育科学发展的若干意见》，提出"各地教育行政部门要联合相关部门，优化区域政策环境，完善促进校

---

① 国务院.关于大力发展职业教育的决定：国发〔2005〕35号〔Z〕.2005-10-28.

② 教育部.教育部关于职业院校试行工学结合、半工半读的意见：教职成〔2016〕4号〔Z〕.2006-8-27.

③ 徐涵.工学结合概念内涵及其历史发展〔J〕.职业技术教育，2008（7）：8.

④ 教育部.关于进一步深化中等职业教育教学改革的若干意见[EB/OL].(2008-12-13).htp://old.moe.gov.cn/publicfiles/business/htmlfiles/moe/moe_955/201001/xxgk_79148.html.

⑤ 国务院.国家中长期教育改革和发展规划纲要（2010—2020年）〔M〕.北京：人民出版社，2010：16.

⑥ 徐涵.工学结合概念内涵及其历史发展〔J〕.职业技术教育，2008（7）：8.

企合作的政策法规，明确政府、行业、企业和学校在校企合作中的职责和权益，通过地方财政支持等政策措施，调动企业参与高等职业教育的积极性，促进高等职业教育校企合作、产学研结合制度化"①。

2014年国务院颁发的《国务院关于加快发展现代职业教育的决定》（国发〔2014〕19号）中提出："深化产教融合、校企合作"，以及"开展校企联合招生、联合培养的现代学徒制试点。"② 根据该决定，教育部在同年出台《教育部关于开展现代学徒制试点工作的意见》（教职成〔2014〕9号），本意见中提出"深化产教融合、校企合作，推进工学结合、知行合一，进一步完善校企合作育人机制，实现校企一体化育人"③。

2014年6月，教育部等六部委联合印发《现代职业教育体系建设规划（2014—2020）》（教发〔2014〕6号），进一步提出以"产教融合"为主线，建立政府、企业、行业、院校和社会各方协同参与的制度创新平台，随后工业和信息化部、农业部、交通运输部、旅游局等部门也各自出台了加快相关行业职业教育和人才规划与发展的意见，行业的指导作用也凸显出来④。

2017年10月，党的十九大报告提出"完善职业教育和培训体系，深化产教融合、校企合作"。同年12月，国务院办公厅印发《国务院办公厅关于深化产教融合的若干意见》（国办发〔2017〕95号），提出"深化产教融合，促进教育链、人才链与产业链、创新链有机衔接，是当前推进人力资源供给侧结构性改革的迫切要求，对新形势下全面提高教育质量、扩大就业创业、推进经济转型升级、培育经济发展新动能具有重要意义"⑤。文件具体列出了30条意见，并提出健全多元化的办学体制，用约10年的时间构建教育和产业统筹融合发展格局，并对教育部、国家发展改革委、人力资源和社会保障部、各省级政府及有关行业协会等进行了重点任务分工。这预示着我国职业教育产教融合政策将走向完善，但还需进一步细化和落地执行。

① 教育部. 关于推进高等职业教育改革创新引领职业教育科学发展的若干意见［EB/OL］.（2011-11-20）［2012-11-25］. http://www.edu.cn/zong_he_801/20111020/.

② 国务院. 国务院关于加快发展现代职业教育的决定：国发〔2014〕19号［EB/OL］.（2014-05-02）［2014-06-24］. http://www.scio.gov.cn/ztk/xwfb/2014/gxbjhzyjyggyfzqkxwfbh/xgbd31088/Document/1373573/1373573_1.htm.

③ 教育部. 教育部关于开展现代学徒制试点工作的意见：教职成〔2014〕9号［EB/OL］.（2014-08-25）. http://old.moe.gov.cn/publicfiles/business/htmlfiles/moe/s7055/201409/174583.html.

④ 教育部等六部委. 现代职业教育体系建设规划（2014—2020）：教发〔2014〕6号［EB/OL］. http://www.qhkjxx.com/html/news/20140118/45321780362.html.

⑤ 国务院办公厅. 国务院办公厅关于深化产教融合的若干意见：国办发〔2017〕95号［Z］. 2017-12-19.

2018 年，教育部、国家发展改革委、工业和信息化部、财政部、人力资源和社会保障部、国家税务总局六部门联合颁布《职业学校校企合作促进办法》（教职成〔2018〕1 号），这是我国首个关于职业教育产教融合的法规性专项文件，为实施产教融合、校企合作提供了法律保障性依据和具体操作性措施。职业院校校企合作在此文件的指导下获得进一步发展①。

这一时期，国家加强了顶层政策设计和统筹规划，深化了高职院校与企业的合作，不断探索职教集团、混合所有制等校企合作模式。但是这一时期的政策对于产业部门参与职业教育的行为并不具有约束性，且政府对于自身在其中应该发挥的主导作用缺乏清晰的认识，对于参与主体的职责分工并不明确，导致职业教育部门与产业部门在处理产教融合的相关事务时缺乏明确的指导，政策执行效果并不明显，国家本位政策失灵现象比较普遍，产教融合缺乏良好的前期基础②。

二、区域层面的校企合作政策现状

部分地区的政府部门已经尝试制定政校企合作专项政策，并取得一定的效果。如 2007 年常州市政府出台了《关于加强职业教育校企合作办学的指导意见》，确立财政专项经费奖励和扶持优秀的校企合作项目，并提出要实现校企合作的"五共"模式，即共同建立实习就业基地、共同参与职教办学、共同培养技能人才、共同建设实训基地、共同开展技术研发③。2008 年山东省潍坊市出台的《关于大力推进校企合作加快技能型人才培养的实施意见》明确要求"市发改委、经贸委、农业局、中小企业局、贸易局等部门要根据企业需要，重点帮助年销售收入过亿元的企业联系 1~2 家中高职院校、年销售收入过 10 亿元的大型企业联系 2~3 家中高职院校"④。2009 年 3 月，宁波市开始实施《宁波市职业教育校企合作促进条例》，宁波市是我国第一个为职业教育校企合作制定法规的城市，该条例也是我国第一部有关职教校企合作的法规，为

① 教育部等六部委. 职业学校校企合作促进办法：教职成〔2018〕1 号[EB/OL].（2018-02-12).http://www.moe.gov.cn/srcsite/A07/s7055/201802/t20180214_327467.html

② 罗汝珍. 职业教育产教融合政策的制度学逻辑分析［J］. 职业技术教育，2016，37（16）：8-13.

③ 常州市人民政府. 关于加强职业教育校企合作办学的指导意见[EB/OL].（2007-10-10）［2012-12-05].http://www.changzhou.gov.cn/ns_news/963313134310782.

④ 潍坊市人民政府. 关于大力推进校企合作加快技能型人才培养的实施意见[EB/OL].（2008-07-21）［2012-12-05].http://www.weifang.gov.cn/WFZW/ZFWJ/WZF/200906/t20090626_207759.htm.

宁波市职业院校和企业合作培养高素质技能型人才，促进校企合作健康、持续发展提供了法律保障，是完善我国地方校企合作法规的重要标志。随后，河南省、唐山市、上虞市和沈阳市分别于 2012 年和 2013 年颁布了职业教育校企合作促进办法，对促进职业院校和企业的联系与合作起到了积极的示范作用①。

2011 年 7 月北京市教育委员会和交通委员会联合制定和下发了《北京市交通行业职业教育校企合作暂行办法》，要求"交通类职业院校与企业在技能型专门人才培养与职工岗位技能提升培训、科技创新与技术服务、资源共享与共同发展等方面开展合作"②，并较为详细地明确了校企双方的合作内容、权利、义务以及考核要求等。该办法于 9 月被教育部转发至全国各省市教育主管部门（教职成厅函〔2011〕54 号），要求各地认真学习借鉴，并结合实际情况，部署推动本地区职业教育校企合作工作。地方政府尝试出台政策支持校企合作工作的开展，对于校企合作工作本身具有积极的、建设性的意义。

2017 年湖南省政府发布了《关于深化普通高校校地校企合作的意见》（湘政办发〔2017〕8 号），提出了"进一步深化校企合作、产教融合的总体要求和实现路径，设立财政专项经费，有效推进校地合作、校企合作。把校地校企合作工作纳入绩效考核的重要内容，将开展校企合作、接纳高校师生实习实训等情况作为企业考核奖励、获取财政性资金和项目的条件"③。

2018 年 12 月湖南省教育厅发布《湖南省职业学校校企合作促进办法》（湘教发〔2018〕32 号）文件，规定了校企合作的合作形式、促进措施和监督检查。在合作形式方面提出"合作开展学徒制培养。根据企业实际与发展需求，合作设立学徒岗位，联合招收学员，共同确定培养方案，按照工学结合模式，实行校企双主体育人"。在促进措施方面提出"对职业学校自办的、以服务学生实习实训为主要目的的企业或经营活动，按照国家有关规定给予税收等优惠"，"鼓励和支持职业学校在企业集聚地、经济开发区、生产现场等建立校外实训基地（企业分校）；鼓励职业学校单独举办或"引企入校"合作举办校内实训基地；鼓励企业向职业学校提供最新仪器设备和技术支持，共建校内

① 宁波市人民代表大会常务委员会. 宁波市职业教育校企合作促进条例［EB/OL］.（2009-03-01）［2012-12-05］.http：//www.tech.net.cn/web/articleview.aspx？id=20120110124701067&cata_id=N183.

② 北京市教育委员会，北京市交通委员会. 北京市交通行业职业教育校企合作暂行办法［EB/OL］.（2011-07-01）［2012-12-05］.http：//www.tech.net.cn/web/articleview.aspx？id=20111010144515660&cata_id=N003.

③ 湖南省人民政府办公厅. 关于深化普通高校校地校企合作的意见：湘政办发〔2017〕8 号［EB/OL］.（2017-02-10）［2017-02-16］.http：//xwb.hnedu.cn/chuangxin/HTML/3478.html.

生产性实训基地；鼓励和支持销售收入亿元以上或从业人员达到 1 000 人以上企业承担技术技能人才培养任务，探索将部分主机配套产品安排到有条件的职业学校校内生产性实训基地生产，为职业学校生产性实训提供相关的项目载体"①。

第二节　高职院校人才培养的成效分析

近年来我国高职院校人才培养成果丰硕，2017 年，企业提供的校内时间教学设备价值达 215.7 亿元，院校年支付企业兼职教师课酬达 11.8 亿元②。2018 年 4 816 家企业参与现代学徒制省级以上试点专业人才培养。参与现代学徒制教育部试点单位 558 个，覆盖 1 000 多个专业点，合作企业 2 200 多家；参与现代学徒制省级以上试点院校 644 所，试点专业 2 130 个。校企联合开发现代学徒制人才培养方案 2 251 个、课程标准 13 332 个，受益学生达 13.7 万人。企业兼职教师年校均课时 6 489 学时。28 个省份建设了 928 个技能大师工作室③。

一、其他省市高职院校校企合作成效

（一）浙江省

浙江省涌现了一批产教融合典型，如浙商银行总部客服中心落户浙江金融职业学院，建成全国首家校中银行；宁波职业技术学院利用区位优势与北仑区政府联合成立了北仑跨境电商学院，打造全国跨境电子商务的进口样本，助推海上丝路的新蓝海战略。2014—2015 年，浙江省高职院校与 12 550 所企业开展产学研合作，企业通过设备捐赠、校企共建等形式共向高职教育投入资金 3 725万元。2015 年，金华职业技术学院、温州职业技术学院、浙江机电职业技术学院、浙江商业职业技术学院、宁波职业技术学院、浙江建设职业技术学

①　湖南省教育厅. 湖南省职业学校校企合作促进办法：湘教发〔2018〕32 号〔EB/OL〕. (2018-12-29)〔2019-2-16〕. http://zcc.hnedu.cn/c/2019-02-01/3008737. shtml.
②　上海市教育科学研究院，麦可思研究院. 中国高等职业教育质量年度报告（2018）〔R〕. 北京：高等教育出版社，2018：25.
③　上海市教育科学研究院，麦可思研究院. 中国高等职业教育质量年度报告（2019）〔R〕. 北京：高等教育出版社，2019：22-23.

院 6 所高职院校入选为教育部首批现代学徒制试点学校①。温州职业技术学院学校建设政校行企立体合作模式，与 700 多家企业、35 个行业协会建立合作关系，与行业共建 6 个二级学院，与永嘉县人民政府、瑞安经开区管委会、乐清经开区管委会、平阳县商务局建立 4 个助力温州支柱产业转型升级的产教融合联盟。近三年科技到款额 6 000 余万元，授权专利 600 余项，转让专利 140 余项，校企共建省级研究院（中心）6 家、研发中心 42 家，努力解决生产一线急需的关键技术难题和技术应用最后一公里的问题②。

金华职业技术学院与西子航空集团等高端企业合作，投资 1.28 亿元共建"智能化精密制造实训中心"，建设区域生产性公共实训基地，获批国家发展改革委首批产教融合工程项目和浙江省产教融合示范基地。金华职业技术学院深入金义都市新区，校地共同创办特色产业学院——金义网络经济学院，培养网络经济人才；引进四川抗菌素工业研究所设立"川抗所金华分所"，合作开展医药领域高端研究和人才培养。金华职业技术学院以科技特派员、"1+1"科技结对、"百博入企"、"百名专家联百村帮千户"、共建企业大学等多种形式开展立体化技术服务与培训，如与华孚时尚共建"华孚大学"，延长职工培训服务链，探索企业培训整体解决和全产业链人才培训的全新模式，每年举办各类社会培训近 20 万人次③。

（二）广东省

2018 年，广东省参与高职院校产学合作的企业达到 20 779 家，比 2017 年增加 7.84%；其中订单培养学生 27 634 人，比 2017 年增加 10.31%；合作企业接收顶岗实习学生 109 984 人，比 2017 年增加 8.5%④。各试点专业围绕"三双一体化"（双身份管理、双场所教学、双主体育人、一体化人才培养方案）学徒制模式，形成了 7 种典型人才培养模式，分别是："学校+大型企业"、"学校+职教集团+企业"、"学校+协会+中小企业"、"学校+园区+企业"、现代学徒连锁学院、成人教育的现代学徒制以及"准现代学徒"等。如清远职业技术学院医学美容技术专业与大型美容企业——广东伊丽莎白美容健身有限

---

① 浙江省教育厅. 浙江省高等职业教育质量年度报告（2016）[R]. 杭州：浙江省教育厅，2016：16-18.

② 温州职业技术学院."三局"协同"三体"共建打造高职教育产教融合"温州样本"[EB/OL].[2019-04-04].http://jyt.zj.gov.cn/art/2019/4/4/art_1633396_32409664.html.

③ 金华职业技术学院. 深化产教融合发展高水平建设区域服务型高职院校[EB/OL].[2019-04-04].http://jyt.zj.gov.cn/art/2019/4/4/art_1633396_32409568.html.

④ 广东省教育厅. 广东省高等职业教育质量年度报告（2019）[R]. 广州：广东省教育厅，2019：43.

公司合作，共同探索，构建"学校专业+大型企业"联合招生、联合培养、一体化育人的现代学徒制模式。广州番禺职业技术学院联合零售连锁业领军企业深圳百果园实业发展有限公司及境内外相关院校，探索职业店长现代学徒制培养连锁模式。通过搭建"百果园职教联盟"连锁发展平台，开发现代学徒制专业标准，提炼现代学徒制校企合作模式，优化集"高等性""职业性"和"教育性"于一体的店长培养课程体系、建设店长人才培养连锁学院，建构职业店长现代学徒制培养连锁模式。截止到 2016 年 5 月底，百果园职教联盟成员院校在百果园公司正式入职的学生有 519 名，升任店长、副店长和总部管理人员的有 150 余人①。广东南方职业学院投资建设广东南大机器人有限公司的"校中厂"，投入资金 1 000 万元，成立 3 年以来，目前年产值已达 5 000 万元，以完全市场化的经营模式，突破传统校办企业的思维桎梏。学生可以直接参与企业的日常经营生产，学生的培训与学习更能贴近以后实际工作。经过培训实践掌握相关技能后，再由公司推荐到相关的客户企业去。2018 年，双方合作开展现代学徒制班，探索创建"学生—学徒—准员工—员工"四位一体的人才培养方式②。

（三）天津市

天津铁道职业技术学院的 10 个城轨专业与天津轨道交通集团、石家庄地铁、合肥地铁、太原地铁、郑州地铁及泰达地铁等多家城市轨道交通企业建立了"订单+定向"的培养模式，铁路订单培养的专业覆盖学院所有铁路专业。2017 年新增地铁订单学生 497 人，全校订单学生总数 831 人，针对不同城市地铁公司运营模式及设备情况，"量身定做"专业人才培养方案，培养方案更加具有针对性和实效性。

天津商务职业学院物流管理专业通过国际合作探索现代学徒制，2014 年与新加坡叶水福集团就共同培养物流行业后备人才签署了谅解备忘录，正式开启了"天津商务职业学院与叶水福集团供应链人才培训班"合作，时至 2017年，已经圆满完成了 7 期培训班，已经有 200 余名学生通过培训，获得由学院与企业共同颁发的培训班结业证书。这些学生或选择从大三顶岗实习开始进入叶水福在中国的各分公司就业，或选出优秀学生，派往新加坡进行一年左右的

---

① 广东省教育厅. 广东省高等职业教育质量年度报告（2017）［R］. 广州：广东省教育厅，2017.

② 广东省教育厅. 广东省高等职业教育质量年度报告（2019）［R］. 广州：广东省教育厅，2019：41.

第四章 高职院校人才培养的现状与问题分析 | 87

带薪实习，至 2017 年已有 11 名学生通过此种途径在新加坡进行了深造①。

（四）江苏省

常州信息职业技术学院的网络与通信工程学院与信息通信技术（ICT）行业龙头企业新华三技术有限公司（简称"H3C"）合作开设"网络工程精英班"，与南京建策科技股份有限公司共建"H3C 实训室"，在课程教学中融入 H3C、思科、华为等国际知名厂商认证体系，对接 ICT 行业人才需求，以培养可服务现代网络发展需求的优质技术技能人才为目标，落实杰出人才培养载体。同时在课程教学中融入认证体系，引入企业技术专家、认证培训讲师和企业教育培训教材作为教学资源，将获取企业职业资格认证作为学生毕业条件之一。龙头企业向外围合作伙伴推荐学生实习和就业，实现学生对口就业、高薪就业，构建了"学校—龙头企业—外围合作伙伴"校企"合作办学、合作育人、合作就业、合作发展"的"共生型"人才培养生态链，实现学生对口就业、高薪就业②。

江苏经贸职业技术学院与无锡九如城养老产业集团共同成立具有混合所有制特征的"江苏经贸·九如老龄产业学院"（以下简称"九如学院"）。"九如学院"采取 PPP（公私合作制）校企联合体办学模式，联合招生，联合培养，构建"双岗互动"教师发展联合体，搭建"一校两区、真实情景、在岗学习"理实一体化教学联合体，组建"现场施教"社会服务联合体等。产教深度融合，有效解决了涉老专业办学中的难题③。

江苏商贸职业学院和山东世博华创动漫传媒有限公司联合设立"世博艺术与传媒学院"，共建"南通数字创意人才培养基地"，探索混合所有制办学模式。校企双方设立校企合作理事会，全面负责世博学院管理。理事会是世博学院的最高决策机构，实行理事会领导下的院长（世博学院）负责制。理事会由 9~11 人组成，理事长由校方法定代表人担任，副理事长由企方法定代表人担任，成员由双方指定人员组成。成立监事会，负责对双方合作办学进行监督。世博学院属校方二级学院，不具有法人资格。世博学院院长由企方负责人担任，负责世博学院章程与学校已有制度的衔接管理，创新教学管理模式。校

① 天津商务职业学院. 高等职业教育质量年度报告（2018）[EB/OL].（2017-12-20）. https://www.tech.net.cn/web/rcpy/articleview_sch.aspx? id=6682.

② 常州信息职业技术学院. 高等职业教育质量年度报告（2018）[EB/OL].（2018-01-15）. https://www.tech.net.cn/web/rcpy/articleview_sch.aspx? id=7393.

③ 江苏经贸职业技术学院. 高等职业教育质量年度报告（2018）[EB/OL].（2018-01-10）. https://www.tech.net.cn/web/rcpy/articleview_sch.aspx? id=7409.

企双方合作办学，积极探索混合所有制办学模式，校方为企方江苏地区唯一联合办学合作单位。校方将艺术类专业从现有艺术与电子信息学院剥离，单独成立艺术与传媒类专业组成的二级学院（世博学院），专业教师整体转入，校企双方配以适当的管理人员。合作模式分专业合作和专业托管两类。2017年以后（含2017年）三年制高职招生专业纳入专业合作范畴。将现有2015、2016级三年制高职专业纳入专业合作。2017年以后（含2017年）五年制高职招生专业合作与专业托管规模由双方商定①。

南京工业职业技术学院结合德国"双元制"和中国实际国情，探索出了"技术联盟"现代学徒制人才培养模式。职业院校、技术输出企业、人才需求企业结成人才培养联盟，在校内共建学徒培训中心，职业院校负责基本技能培养，培训中心负责核心技术培养，人才需求企业负责岗位技能培养，以技术为纽带，学徒为载体，形成了校企利益共同体。把企业文化融入实践教学之中，学徒按企业准员工进行管理，实现职业技能和职业精神的融合，校企共同打造现代工匠。根据技术联盟式现代学徒制人才培养模式设计，学校与西门子、ABB、现代重工、FESTO等国际一流企业签订了合作协议，承诺共同进行学徒培养。2015年9月，学校与博世汽车技术服务（中国）有限公司签约进行现代学徒培养合作，成立"博世班"。校企联合招生，学生与博世公司签订招工协议书，为每位学生指定校内指导教师、技术培训中心师傅和企业师傅，三方组成混编教学团队，联合制订人才培养方案及教学计划，共同实施教学②。

二、湖南省高职院校校企合作成效

2017年，湖南省设置高职高专院校69所，其中高等职业院校65所，高等专科学校4所，占全省独立设置高等学校的63.3%。在校全日制学生511 766人，办学规模比2015年的441 643人增长15.9%，占全省高等学校全日制在校学生的41.8%，比2015年的占比40.1%上升1.7个百分点③。2018年，湖南省有高职高专院校70所，在校生总数56.04万人，办学规模排全国第5位。湖南省高职院校校企合作在全国走在前列，中国政府网公布了《国务院办公

---

① 南京工业职业技术学院. 高等职业教育质量年度报告（2018）[EB/OL].（2018-01-12）. https：//www.tech.net.cn/web/rcpy/articleview_sch.aspx？id=7428.

② 江苏商贸职业学院. 高等职业教育质量年度报告（2018）[EB/OL].（2017-12-18）. https：//www.tech.net.cn/web/rcpy/articleview_sch.aspx？id=7414.

③ 湖南省教育厅. 湖南省高等职业院校适应社会需求能力督导评估报告（2018年）[EB/OL].[2019-02-13]. http://jyt.hunan.gov.cn/sjyt/xxgk/2017zwgk/jydd/zxddbg/201902/t20190214_5274423.html.

厅关于对 2018 年落实有关重大政策措施真抓实干成效明显地方予以督查激励的通报》，浙江、山东、河南、湖南、广东、青海 6 省被确定为"校企合作推进力度大、职业教育发展环境好、推进职业教育改革成效明显的地方"[①]。近五年来，湖南省各高职院校积极探索，在校企共建二级学院、合作共建专业群、合作共建研发中心、合作共建职教集团、共推现代学徒制等方面取得了一些特色成果。例如：2017 年，湖南省合作共建二级学院达到 59 个，比 2016 年增加 7 个；合作共建专业群达到 263 个，比 2016 年增加 53 个；合作共建研发中心达到 119 个，比 2016 年增加 47 个；省级职教集团达到 35 个，比 2016 年增加 1 个；开展现代学徒制试点的高职院校有 61 所，参与的企业达 91 家，学徒制试点学生数达到 4 761 人，与 2016 年相比，分别提升了 7.02%、16.67%、29.23%[②]。同时，湖南省以区域特色产业为依托，立项建设了对接先进轨道交通装备、工程机械、航空航天等 20 个湖南优势特色产业链的省级示范特色专业群 163 个、省级校企合作生产性实习实训基地 60 个。全省高职高专院校已与 1 230 余家企业开展了订单培养，与 111 家企业联合开展了现代学徒制试点，与行业企业深度合作建立了技术研发中心 119 个，为区域内产业转型升级提供了有力的人才保障。具体来说，湖南省校企合作在如下五个方面走在全国前列，成果丰富，取得了重大的突破。

（一）现代学徒制方面

湖南省在广泛发动高职院校和市州开展现代学徒制试点的基础上，持续组织申报国家现代学徒制试点项目，并启动省级现代学徒制试点项目，形成了国家、省、市、校四级共同推进现代学徒制的局面。如表 4-1 所示，2017 年全省开展现代学徒制试点的高职院校达到 61 所，参与的企业达到 91 家，学徒制试点学生数达到 4 761 人[③]。2018 年，湖南省立项国家现代学徒制试点学校 10 所，立项数在全国排名第 3 位，立项总数达 19 个，在全国排名第 5 位；立项省级现代学徒制试点项目 24 个；市校两级现代学徒制试点专业达 115 个。2018 年，全省参与现代学徒制试点的企业达到 103 家，试点学生数达到 5 371 人。

---

① 湖南省教育厅. 湖南等六省职业教育获国家奖励支持 [EB/OL]. (2019-05-13). http://jyt.hunan.gov.cn/sjyt/xxgk/bwdt1/201905/t20190513_5331991.html.

② 湖南省教育厅. 湖南省高等职业教育质量年度报告（2018）[R]. 长沙：湖南省教育厅，2018：31-33.

③ 湖南省教育厅. 湖南省高等职业教育质量年度报告（2018）[R]. 长沙：湖南省教育厅，2018：31-33.

表 4-1 湖南省高职院校开展现代学徒制试点情况

项目	2017 年	2018 年	增长率/%
国家立项现代学徒制学校/所	5	10	100
湖南省现代学徒制学校/所	——	24	——
市级学徒制试点专业数/个	28	47	67.86
校级学徒制试点专业数/个	41	68	65.85
学徒制培养的在校学生数/人	4 761	5 371	12.81

资料来源：湖南省高等职业教育质量年度报告（2019）。

湖南现代物流职业技术学院与安吉智行物流有限公司、苏宁物流有限公司合作，构建"双导师+三融合+多证书"培养模式，开展现代学徒制培养。"双导师"即学校导师、企业导师；"三融合"即职业标准、企业标准与课程标准融合；"多证书"即毕业证书+职业资格证书。学校现有现代学徒制学生 80 名，其专业技能普遍高于普通班学生，2018 年，现代学徒制学生在湖南省第三届大学生现代物流设计大赛中，与 58 所本科院校的学生同台竞技，荣获一等奖①。

湖南工业职业技术学院以机电一体化技术专业、电气自动化专业为代表的智能控制专业群与博世汽车部件（长沙）有限公司联合开展现代学徒制人才培养已有 10 年，特别是成为国家现代学徒制试点学校后，进行了大胆探索和实践。一是校企协同创新，国际认证机构参与，三方共同制订与国际职业教育接轨的现代学徒制人才培养方案。二是校企共同投入资金和设备建设企业 TGA 培训中心等实习实训条件，搭建厂校融合学徒制培养平台。三是实施立体交叉的项目化教学，推动学生技能水平螺旋上升。四是引入国际权威认证机构德国工商会（AHK）作为第三方，通过 AHK 组织的技能鉴定项目，毕业生技能水平达到国际认证标准②。

（二）产学成果转化方面③

湖南工业职业技术学院联合 30 家企业和 60 所职业院校组建了"机械行业

---

① 湖南省教育厅. 湖南省高等职业教育质量年度报告（2019）［R］. 长沙：湖南省教育厅，2019：50-51.

② 湖南省教育厅. 湖南省高等职业院校适应社会需求能力督导评估报告（2018 年）［EB/OL］.［2019－02－13］http://jyt.hunan.gov.cn/sjyt/xxgk/2017zwgk/jydd/zxddbg/201902/t20190214_5274423.html.

③ 湖南省教育厅. 湖南省高等职业教育质量年度报告（2019）［R］. 长沙：湖南省教育厅，2019：53-55.

先进装备制造职业教育集团"。湖南铁路科技职业技术学院与广铁集团、西南交大共同建立"湖南省高铁运行安全保障工程技术研究中心"后，又与中国工程院院士刘友梅、丁荣军签约，成立国内铁路高职院校首家院士工作站，现已有进站专家 15 名，累计完成 10 多项技术研发项目。湖南科技职业学院与长沙变化率信息技术有限公司合作建立"湖南省城市综合管廊信息化工程技术研究中心"，组建了一支由 36 名校企技术专家组成的研发团队，已累计研发管廊监测传感器、集控器等创新产品 39 项，申报知识产权 55 项，软件著作权 30 项。湖南交通职业技术学院与湖南联智桥隧技术有限公司联合建立"湖南省预应力桥梁质量控制工程技术研究中心"，已研发了 6 项桥隧智能制造与检测技术，制定国家标准 2 项，立项湖南省自然科学基金项目 1 项、湖南省交通运输厅科技课题 4 项。湖南大众传媒职业技术学院联合国内 17 个省（区、市）的 29 所传媒类高职院校和湖南卫视、山东教育卫视等 11 家文化传媒企业，组建全国传媒职业教育联盟，实行更大范围、更深程度的校企合作。"产教融合，校企合作办学模式改革"已获准立项为"湖南省教育体制改革试点"重点项目；与芒果互娱合作共建的电子竞技运动与管理专业已完成技术创新项目 3 项。

（三）校内实践基地建设方面

湖南交通职业技术学院立足交通行业，对接品牌企业，走出了一条校企合作的新路子。借助上海大众、智能物流产业园等大批知名企业和重点项目，通过"校中厂"，把企业引入校园、产品引入实训、工程师引入课堂；通过"厂中校"，让教师进入车间、学生进入工段、教学进入现场。实现校企的信息互通互融、人员互通互融、设备互通互融、标准互通互融、文化互通互融，推动专业与产业企业岗位、课程内容与职业资格标准、教学过程与生产过程、毕业证书与职业资格证书、职业教育与终身学习的"五个对接"。依托交通运输职教集团，与世界 500 强及业内领军企业如湖南路桥、中国铁建、广汽菲亚特等建立了良好合作关系①。

湖南汽车工程职业学院与企业联合创建校内实训基地，该实训基地不仅为校内学生使用，还作为企业员工培训的实训场地，如沃尔沃中国唯一培训基地、上汽大众中南地区唯一培训基地、宝马湘赣黔三省培训中心、保时捷六省培训中心、福特湖南唯一培训基地等都落户湖南汽车工程职业学院，企业共投

---

① 湖南省教育厅. 探索校企合作新路径提升就业创业硬实力［EB/OL］.［2017－05－09］. http://jyt.hunan.gov.cn/sjyt/xxgk/jykx/jykx/201905/t20190530_5345557.html.

入总价值 5 300 多万元近 100 台的教学用车、530 套（台）设施设备，近 1 000 个各类技术标准、培训标准等，校企合作为学校带来了最前沿的技术、最急需的设备和专业人员。学院通过校企合作建成"湖南省汽车文化博物馆""汽车 VR 虚拟教学中心"，共同开发汽车设计、制造及维修等系列技术标准 5 个，共建北京汽车中南地区技术服务中心，共同开发北汽轿车快速诊断系统，共同开发维修、营销服务人才培训标准 21 个[①]。

（四）订单培养方面

2015 年湖南省高职订单培养学生人数为 66 270 人，较上一年增长 7.01%（2014 年湖南省高职订单培养学生人数为 61 926 人）；2016 年湖南省高职订单培养学生人数为 72 816 人，较上一年增长 9.88%；2017 年湖南省高职订单培养学生人数为 74 598 人，较上一年增长 2.45%；2018 年全省高职订单培养学生人数为 90 993 人，较上一年增长 21.98%。2015—2018 年全省高职订单培养学生情况详见表 4-2。

表 4-2   2015—2018 年湖南省高职订单培养学生情况

年份	订单培养学生数/人	较上一年的增长率/%
2015	66 270	7.01
2016	72 816	9.88
2017	74 598	2.45
2018	90 993	21.98

资料来源：根据 2018 年、2019 年《湖南省高等职业教育年度报告》整理。

2018 年，全省高职院校订单（定向）班级数为 1 960 个。湖南三一工业职业技术学院联合中南大学举办各类冠名定向班 31 个，共计培养学生 1 039 人。湖南现代物流职业技术学院与苏宁集团、顺丰速运等一批世界 500 强企业合作开办各类订单班 28 个，培养人数达 1 582 人[②]。

长沙航空职业技术学院、湖南国防工业职业技术学院是定向培养直招士官试点院校。多年来，两所学校树立"思想政治教育为先、专业技能培养为重、军事素质培育为要"的培养理念，采取"专业技能+军事素养"培养模式，开

---

① 湖南省教育厅. 湖南省高等职业院校适应社会需求能力督导评估报告（2018 年）[EB/OL].［2019－02－13］http://jyt.hunan.gov.cn/sjyt/xxgk/2017zwgk/jydd/zxddbg/201902/t20190214_5274423.html.

② 湖南省教育厅. 湖南省高等职业教育质量年度报告（2019）[R]. 长沙：湖南省教育厅，2019；51.

展士官生订单培养。长沙航空职业技术学院士官生招收专业达 9 个，目前有在校士官生 2 659 名，已累计为部队培养输送专业技术士官 3 183 名，是全国定向士官人才培养的示范基地。湖南国防工业职业技术学院 2018 年共有 11 个专业招收士官生，共招收陆军与火箭军定向培养士官生 820 人①。

湖南铁道职业技术学院与轨道交通产业的龙头企业中国中车株洲电力机车有限公司等深入合作。学校聘请中国"电力机车之父"刘友梅院士开办院士工作站，柔性引进了全国"万人计划"科技领军人才樊运新等 10 多位知名专家担任专业的企业带头人，与轨道交通企业开展定制化人才培养，形成了"校企双向嵌入式"、"双主体订单式现代学徒制"、"三明治"工学交替等多样化人才培养模式。学校与全国 30 家地铁公司开展定制化人才培养。3 年来，企业合作开办"全订单""半订单"等多种形式订单培养班共计 148 个，订单学生 7 920 人，"订单培养"学生覆盖率达 74%。2017 年，学校被教育部确定为"现代学徒制"改革试点单位②。

益阳职业技术学院融入益阳地方产业发展，将船舶工程技术、农村电子商务和智慧农业 3 个专业群对接益阳本地产业链。2018 年，与奥士康科技签订了全面战略合作协议并开办了奥士康订单班，与楚天科技合作开办了国际班，与安徽芜湖美的公司合作开办了美的订单班，与益阳市中南电商园合作建立了中南电商学院，引校入园，与一汽马自达合作，引企入校。另外，还与东莞惠伦晶体、太阳鸟、苏宁电器、重庆海德世、深圳百果园等 30 多家国内知名企业开展不同程度的校企合作，为学生跟岗学习、顶岗实习、毕业就业提供渠道，为教师学习职业技术技能提供平台③。

湖南交通职业技术学院的汽车技术服务专业群针对各汽车维修企业不同的培养要求，开设"一汽奥迪班"等 11 个订单培养班和"中德（SGAVE）"班，积极探索了汽车机电技术本土化的"双元制"订单培养模式。交通土建技术专业群与湖南联智桥隧技术有限公司合作深化路桥专业现代学徒制培养模式，针对企业对技能人才的特殊要求，开设"联智桥隧班"。2017 年，学院招

① 湖南省教育厅. 湖南省高等职业教育质量年度报告（2019）［R］. 长沙：湖南省教育厅，2019：51-52.

② 张莹. 产教融合结硕果，校企联手育人才［EB/OL］.［2019-06-13］. http://jyt.hunan.gov.cn/sjyt/xxgk/gxdt/201906/t20190613_5356607.html.

③ 蔡超强. 全面落实教育大会精神，助推学院高质量发展［EB/OL］. http://jyt.hunan.gov.cn/sjyt/xxgk/gxdt/201904/t20190430_5326173.html.

收订单培养学生总数为 1 531 人，占在校生总数的 12.4%①。

（五）共建产教学院方面

湖南电气职业技术学院先后与湘电公司构建了"湘电电机学院""海诺电梯学院"和"湘电风能学院"3 个二级学院，二级学院实行理事会领导下的院长负责制。制定了《校企"双主体"二级学院管理办法》《校企"双主体"二级学院理事会制度》等校企"双主体"共建二级学院实施办法，明晰了校企"双主体"的权责关系。通过制度保障，确保校企双方利益，从体制机制上解决了一直以来校企合作比较松散，"一头冷、一头热"的难题，调动了企业参与合作的积极性②。

三、高职双创人才培养现状分析

（一）双创人才培养政策演变历程

1. 探索期（1997—2009 年）

1997 年，党的十五大报告首次提出要"创新机制"，并实施科教兴国战略和可持续发展战略。在经济领域，重视"创新能力"的培养，企业要形成新产品开发和技术创新机制。在教育领域，要"加快高等教育管理体制改革步伐"③。同年，清华大学首次开创性地设立了创新与创业方向课程，成为创新与创业领域标志性的事件④，意味着我国创业教育在实践层面已正式开始，并在这一年清华大学举办了我国首次"清华大学创业计划大赛"。

1999 年，教育部发布《面向 21 世纪教育振兴行动计划》，该计划中提出"瞄准国家创新体系的目标，培养造就一批高水平的具有创新能力的人才；加强科学研究并使高校高新技术产业为培育经济新的增长点作贡献"，以及"各高校应该充分利用自身的专业优势、学科优势来为经济产业结构调整服务，增强高校与行业、企业之间的产学研合作，推进高校技术成果在实践中的转化速

---

① 湖南省教育厅. 湖南省高等职业院校适应社会需求能力督导评估报告（2018 年）［EB/OL］.［2019-02-13］http://jyt. hunan. gov. cn/sjyt/xxgk/2017zwgk/jydd/zxddbg/201902/t20190214_5274423. html.

② 湖南省教育厅. 湖南省高等职业院校适应社会需求能力督导评估报告（2018 年）［EB/OL］.［2019-02-13］http://jyt. hunan. gov. cn/sjyt/xxgk/2017zwgk/jydd/zxddbg/201902/t20190214_5274423. html.

③ 江泽民. 高举邓小平理论伟大旗帜把建设中国特色社会主义事业全面推向二十一世纪［EB/OL］.（2007-08-29）［2018-06-20］. http://www.gov.cn/test/2007-08/29/content_730614. htm.

④ 王占仁. 中国创业教育的演进历程与发展趋势研究［J］. 华东师范大学学报（教育科学版），2016（2）.

度，鼓励有条件的大学生开展创业计划，强化对教师与学生的创业教育，激励他们自主创立高新技术企业。"① 该文件首次把高校创新创业教育纳入国家政策。

2000 年，教育部颁布《关于贯彻落实〈中共中央、国务院关于加强技术创新，发展高科技，实现产业化的决定〉的若干意见》（教技〔2000〕2 号）指出"允许大学生、研究生（包括硕士、博士研究生）休学保留学籍创办高新技术企业，增强提高学生创业意识和实践能力"。2002 年 4 月，教育部高教司发布《创业教育试点工作座谈会纪要》，确定了清华大学、中国人民大学等9 所高校为"创业教育试点"学校，标志着我国创新创业教育从自发探索转向政府引导的多元化发展。同年，浙江大学举行第三届"挑战杯"中国大学生创业计划竞赛。2003 年，《中共中央关于完善社会主义市场经济体制若干问题的决定》指出，增强国民的就业、创新和创业能力②。2004 年，劳动和社会保障部颁发的《关于在部分高等院校开展"创办你的企业"（SYB）培训课程试点的通知》强调，"在大学生开展 SYB 培训课程试点中，可适时开展远程创业培训，并适当增加针对青年学生创业特点的相关内容。"2006 年，党的十六大报告提出，培养大批具有创新精神的人才。2007 年，党的十七大报告指出，促进以创业带动就业，使更多的劳动者成为创业者。为贯彻落实党的十七大提出的"实施扩大就业的发展战略，促进以创业带动就业"的总体部署，2008年，人力资源和社会保障部等联合颁布《关于促进以创业推动就业工作的指导意见》，提出"加强普通高校和职业学校的创业课程设置和师资配备，开展创业培训和创业实训③。2009 年，《国务院办公厅关于加强普通高等学校毕业生就业工作的通知》（国办发〔2009〕3 号）指出，鼓励高校积极开展创业教育④。

该阶段，国家积极倡导"创新精神"和"自主创业"，将创新与建设创新型国家联系在一起，有力推动了高校创新创业教育从理论到实践的延伸。这个时期的创新创业是素质教育的一个重要方面。

---

① 教育部. 面向 21 世纪教育振兴行动计划［EB/OL］.（1998-12-24）.http://old.moe.gov.cn/publicfiles/business/htmlfiles/moe/s6986/200407/2487.html.

② 中共中央关于完善社会主义市场经济体制若干问题的决定［EB/OL］.（2003-10-21）［2008-08-13］.http://www.gov.cn/test/2008-08/13/content_1071062.htm.

③ 人力资源和社会保障部，等. 关于促进以创业推动就业工作的指导意见［EB/OL］.（2008-10-29）［2008-10-29］.http://www.gov.cn/jrzg/2008-10/29/content_1135116.htm.

④ 国务院办公厅. 国务院办公厅关于加强普通高等学校毕业生就业工作的通知［EB/OL］.（2009-01-23）［2009-01-23］.http://www.gov.cn/zwgk/2009-01/23/content_1213491.htm.

2. 快速推进期（2010—2014 年）

教育部颁布的《教育部关于大力推进高等学校创新创业教育和大学生自主创业工作的意见》（教办〔2010〕3 号）首次用"创新创业教育"替代"创业教育"。这是一个关键的政策节点，可以说该意见是我国高校创新创业教育的专门性政策。意见提出"创新创业教育是适应经济社会和国家发展战略需要而产生的一种教学理念与模式"。具体而言，"创新创业教育要在专业教育基础上，以转变教育思想、更新教育观念为先导，以提升学生的社会责任感、创新精神、创业意识和创业能力为核心，以改革人才培养模式和课程体系为重点，大力推进高等学校创新创业教育工作，不断提高人才培养质量。"在这个政策文件的指导下，高校的创新创业教育进入新的发展阶段①。

2012 年 8 月，教育部印发的《普通本科学校创业教育教学基本要求（试行）》（教高厅〔2012〕4 号）对普通本科学校创业教育的教学目标、教学原则、教学内容、教学方法和教学组织做出了明确规定②。同时，该要求还制定了"创业基础"的教学大纲，标志着高校创业教育课程与教学走向了规范化。这些专门性文件，从国家战略层面到具体的实施环节都进行了系统化、制度化的规定，从而使得高校创新创业教育进入全面推进阶段③。

3. 发展的新时期（2015 年至今）

2015 年 5 月，国务院办公厅发布的《关于深化高等学校创新创业教育改革的实施意见》（国办发〔2015〕36 号）指出"到 2020 年建立健全课堂教学、自主学习、结合实践、指导帮扶、文化引领融为一体的高校创新创业教育体系，人才培养质量显著提升，学生的创新精神、创业意识和创新创业能力明显增强，投身创业实践的学生显著增加"④。

2016 年，《教育部关于做好 2016 届全国普通高等学校毕业生就业创业工作的通知》（教学〔2015〕12 号）明确要求，"从 2016 年起所有高校都要设置创新创业教育课程，对全体学生开发开设创新创业教育必修课和选修课，纳

---

① 高校创新创业教育改革与发展问题研究（笔谈）[J]. 教育研究，2018，39（5）：59.

② 教育部. 普通本科学校创业教育教学基本要求（试行）：教高厅〔2012〕4 号 [EB/OL]. (2012-08-01).http://old.moe.gov.cn/publicfiles/business/htmlfiles/moe/s5672/201208/140455.html.

③ 高校创新创业教育改革与发展问题研究（笔谈）[J]. 教育研究，2018，39（5）：59.

④ 国务院. 关于深化高等学校创新创业教育改革的实施意见 [EB/OL].(2015-05-04)[2015-05-13].http://www.gov.cn/zhengce/content/2015-05/13/content_9740.htm.

入学分管理。"①

该阶段的高校创新创业教育已经由"以创带就"拓展为以大众创业、万众创新驱动经济社会发展，创新创业教育的实质拓展为以创新为基础的创业，支持创新者去创业，使创新创业成为驱动经济社会发展的引擎②。

（二）高职院校双创人才培养成效

2015年，国家重视与提倡"大众创业，万众创新"，教育部正式下文推进创新创业教育，将创新创业教育融入高校人才培养过程中。全国高校已开设"双创"教育主题的课程2 300个，高校成立的"双创"教育协会、创业类型的团体上万个③。据教育部统计，2016年年底全国各高校"双创"教育专职和兼职教师总数达10万人，建成了包含5 000名专家的"全国万名优秀创新创业导师人才库"④。根据麦可思研究院发布的统计数据，我国高校为创新发展做出了极大贡献，2017年大学毕业生就业及创业的比例比2011年增长了近一倍。近年来，高职院校不断加强创新创业教育的探索，在实践层面取得了一些成效。

1. 创设创业学院

近年来，在国家政策的引导下，越来越多的高职院校创建创业学院，将一个学校的创新创业教育专门由一个二级学院来统筹和安排，配置专门的教师，并有针对性地培养双创人才。譬如：2015年8月，浙江省教育厅下发文件，明确了创业学院建设的目标，并规定浙江省高校在2016年3月底除特殊学校外都要建立创业学院。截至2016年4月初，浙江高校已建设各类创业学院达99所⑤。

2017年，长沙民政职业技术学院建立了创新创业实体学院，拥有1 500平方米的创业孵化基地和450平方米的众创空间；学校开设16门创新创业跨专

① 中华人民共和国教育部. 教育部关于做好2016届全国普通高等学校毕业生就业创业工作的通知：教学〔2015〕12号〔EB/OL〕.（2016-12-01）. http://www.moe.gov.cn/srcsite/A15/s3265/201512/t20151208_223786.html.

② 王占仁. 中国创业教育的演进历程与发展趋势研究〔J〕. 华东师范大学学报（教育科学版），2016（2）：30-38，113.

③ 中国教育和科研计算机网. 教育部副部长：全国高校开展双创教育课程逾2 300门〔EB/OL〕.（2017-09-25）〔2018-07-29〕. http://www.edu.cn/xxh/xy/cxcy/201709/t20170925_1556571.shtml.

④ 柯进. 创新创业教育实践的中国样本：党的十八大以来创新创业教育改革综述〔N〕. 中国教育报，2017-09-16.

⑤ 臧夏秋. 创新创业背景下应用型职业人才培养的对策研究〔D〕. 南昌：东华理工大学，2017.

业特色互选课，还开设 7 门创新创业公共任选课，11 门其他专业必修课。近 2 年来，学生获得省级及以上创业奖近 30 项，大学生创业团队连续 8 年进入"湖南黄炎培职业教育奖创业规划大赛"决赛，获一等奖 6 项，二等奖 9 项；2016—2017 年获"湖南省互联网+创业大赛"一等奖 2 项，二等奖 2 项，三等奖 1 项。2017 届毕业生自主创业的学生数为 205 人，创业比例为 3.5%①。

2. 开展创新创业大赛

2015 年 5 月至 10 月，教育部举办首届"互联网+"大学生创新创业大赛。1 800 多所高校、5.7 万多支代表队和 20 多万名大学生参加了比赛，数百万名学生观看了比赛，效果是明显的②。根据教育部的要求，高校要举办范围广泛的创新创业大赛，并给予支持。随后，各省、各高校纷纷举办各类创业大赛，创业竞赛成为高校开展双创教育、促进和引导学生的有力抓手。目的是促进产学研紧密结合，把竞赛作为深化创新创业教育的重要起点。通过竞赛形式，积极鼓励和引导学生关注社会需求，将创新创业教育融入人才培养。

3. 创新创业基础课程的改革

在创新创业教育中，最为关键的便是创新创业基础课程的改革。我国部分高校由传统的教师"一言堂"课程模式，逐步转变为以学生为主、教师为辅的多方参与的课堂模式，逐步开设了创新创业基础课程。教育部下发的通知要求各地高校从 2016 年起设置创新创业教育课程，对全体学生开发开设创新创业教育必修课和选修课，纳入学分管理③。如北京财贸职业学院在创新创业工作中，学校坚持"人人是胜者，个个有专长"的教育理念，改革创新人才培养机制，推行"扬长教育"，引导学生发扬特长，鼓励学生创新创业。经过多年的改革和实践探索，学校构建了"四五三三"创新创业人才培养模式和"三位一体"创新创业教育模式。"四五三三"创新创业人才培养模式是指创新创业四融合、素养教育五板块、创业实践三场所、指导帮扶三导师，形成了课程体系、实践平台和指导帮扶立交桥式的"双创"培育体系。"三位一体"创新创业教育模式是指学校围绕创新创业融入人才培养全过程、创新创业教育面向全体学生、校内外协同全体参与创新创业的"三全理念"，深化创业课

---

① 长沙民政职业技术学院. 长沙民政职业技术学院高等职业教育质量年度报告（2018）[R]. 长沙：长沙民政职业技术学院，2018：42-44.

② 李克强对首届中国"互联网+"大学生创新创业大赛作出重要批示 [Z]. http://www.gov. cn/guowuyuan/2015-10/20/content_ 2950730. htm.

③ 教育部. 2016 年起全部高校设置创新创业教育课程[EB/OL].［2015-12-12］.http://www.china.com.cn/education/2015-12/12/content_37298833. htm.

程、创业大赛、创业帮扶"三位一体"的创新创业教育模式①。

4. 高校创新创业园管理和运行

2010 年 4 月，教育部办公厅与科技部办公厅发布《高校学生科技创业实习基地认定办法（试行）》，指出：高校学生科技创业实习基地是指依托高新技术产业开发区、大学科技园或其他园区等设立的，为高校学生提供实习、实训、创业和就业的综合服务平台②。在近几年的探索发展中，高校逐渐将创新创业园的建立和管理运行机制作为开展创新创业教育的核心，鼓励在校生积极关注市场需求，提高学生的创新创业精神、意识和能力技能，利用学校现有的学科、师资等软硬件资源，更保质地为创新创业园发展提供有力支撑，有效引导学生知识技能的职业性和应用性。

第三节　高职院校人才培养的问题分析

一、高职院校校企合作人才培养模式问题分析

（一）国家政策执行不到位

目前，我国已在国家层面出台了一系列校企合作的政策法规。有"意见""决定"和"方法"等，可以说是一套"组合拳"。然而，它似乎难以具体落实到各种学校与企业。主要原因是，虽然在国家层面有一个宏观层面的引领，但地方各级政府不能因地制宜，没有具体的激励政策和支持措施，导致呼声很高，却迟迟不见行动。相关法律法规不健全，企业权责界定不明确，企业权益保护方面也没有相关规定。没有明确的激励措施，如减税、免税、财政补贴等，导致企业看不到效益，没有参与的积极性。各个主体在人才培养中不愿发挥作用，合作短视、层次浅的问题非常突出。此外，政府并没有赋予行业协会发言的权利和责任。没有行业协会主导的"校企合作"，必然会回到学校与单个企业合作的老路③。主要表现在：第一，虽然国家在职业教育发展中积极推进校企合作，一些政策文件相继出台，但在实施时没有有效的传导机制、具体措施和适宜的运行路径。政策没有形成一条向下传导的链条。地方政府普遍缺

---

① 北京财贸职业学院. 高等职业教育质量年度报告（2018）[EB/OL].[2018-01-18]. https://www.tech.net.cn/web/rcpy/articleview_sch.aspx? id=6642.

② 阚婧. 我国高校创新创业教育的实践探索 [D]. 大连：大连理工大学，2011.

③ 逯铮. 利益相关者视角下高职院校产教融合的必然选择与发展路径 [J]. 成人教育，2019，39（5）：75-80.

乏与国家政策相适应的相关文件，促进生产和教育一体化的政策环境尚未形成。第二，出台的政策缺乏具体措施，部分政策体系仍停留在宏观或中观层面，高职院校在运行中难以把握，从文件到执行存在"最后一公里"问题。第三，多头管理难以协调实施，校企合作不单单是教育部门的事情，还涉及行业和有关部门，需要多部门协调实施，特别是一些改革创新项目，如混合所有制试点等，需要统一、明确的政策来推进①。

（二）校企合作机制未形成

尽管高职院校在校企合作一体化方面做了很大的努力，但仍然存在许多制约发展的因素，主要包括政策机制尚不完善，动力机制尚未形成，运行机制不完善，评价机制不合理。

内部动力机制存在的问题主要包括企业参与校企合作动力不足和职业院校参与校企合作能力不强。企业虽然意识到了校企合作的重要性，但其参与校企合作的意愿不强，动力不足。与职业院校的合作更多流于形式，处于浅层次合作水平。合作过程中还缺乏具体的利益驱动机制和安全保障机制，未能达到或实现其参与校企合作的动机与目的，影响了其参与校企合作的积极性与动力。外部动力机制存在的问题主要是指政府对职业院校校企合作的支持力度不够。我国虽然颁布了《职业教育法》，在原则性和方向性的问题上给职业教育确定了一个基本框架，但缺乏具体操作方面的实施细则。如在职业院校校企合作方面缺乏具体的激励政策和保障机制，对职业院校校企合作的政策支持、资金扶持力度不够，政府在校企合作中的导向作用、桥梁纽带作用还没有充分发挥出来②。

从制度环境和政策环境来看，我国职业教育目前缺乏国家出台的与校企合作相配套的法律法规等制度保障，同时也缺乏地方政府对职业教育发展的鼓励和参与的优惠政策。政府在动力机制构建和保障制度实施方面的欠缺，导致企业参与校企合作的积极性较低。企业在参与合作的过程中具有明显的功利性色彩，因此其合作行为必然是短期的，甚至追求短期利益，这样就背离了学校引入企业参与合作是为了提高人才培养的水平和质量的初衷。

与此同时，在一些经济欠发达地区，由于思想观念的老化，经济和社会发展落后，政府对发展职业教育存在误解。主要表现在以下几个方面：地方政府不够了解高等职业教育的重要性，认为发展高等职业教育的投资周期长，效果

---

① 尤利平. 高职产教融合机制构建的问题与对策探析 [J]. 黑龙江教育学院学报，2018，37（5）：60-61.

② 尹姿云. 职业院校产教融合动力机制研究 [D]. 长沙：湖南师范大学，2013：25-35.

是缓慢的。甚至有人认为，职业教育是为经济发达地区培养人才，而不是为地方经济发展培养人才，对地方经济社会发展的影响很小。加快高职教育发展没有形成思想基础和内在动力，校企合作缺乏指导。这些误解已成为影响校企合作最深层次的原因和障碍。

目前我国的产教融合仍然带有明显的自发性，缺乏足够的政府政策和财政支持，缺乏统一布局、统筹规划。目前，各级政府尚未建立专门的协调机构，负责设计、监督、考核和推进"产教融合、工学结合"，造成很多合作项目难以获得企业主管单位、劳动部门和教育部门的支持，产教融合主要靠关系和信誉建立、维系，缺乏合作办学的内在动力，难以形成长效的合作机制。同时，在建设资金投入方面，政府的资本投入较少，监管机制不完善。我国职业教育经费投入较少。一些职业学院甚至不能保证必要的学校经费。中国职业教育生均事业性经费支出仍不到本科院校的一半①。

很多企业缺乏对校企合作的战略思考和实践经验。企业过分强调自身的经济利益，而忽视了应承担的社会责任。企业普遍认为，人才培养是院校的责任，加上在当前人才市场供过于求的情况下，企业自身可以以较低的成本解决劳动力、技能人才和技术、信息方面的问题，没有必要花费较大成本与职业院校合作解决，结果导致企业在校企合作中处于"消极、被动"的状态，校企合作最终成为企业对院校的"公益支持"或"功利性投资"②。因此，职业院校长周期的人才培养教育模式与企业的短时间内较高的经济效益的要求构成了职业院校与企业之间亟待解决的主要矛盾③。对短期利益的过分强调使企业对校企合作教育缺乏全面的认识。由于职业院校可以在人才、技术服务、管理等方面给企业以强有力的支持，在校企合作教育中学校绝不仅仅是企业利益的"索取者"，而是企业可持续发展的"支撑者"。因此从长期来看，校企合作教育应该是双赢的，而不会以一方利益受损为代价。

从企业与高职院校合作方式看，由于企业在用人需求、职工培训、技术研发等方面诉求不一，企业会根据自身需求与职业院校选择性合作，校企之间长期深度合作的基础比较薄弱。从行企校合作发展的动力看，校企合作的激励机

---

① 王文涛，任占营. 高职院校开展校企合作的问题归因和思考 [J]. 职业技术教育，2012，33（17）：34-38.

② 高晓辉. 新时期高等职业教育校企合作的困境与对策研究 [D]. 石家庄：河北师范大学，2013.

③ 肖旭，陈群辉. 当前高职校企合作存在的问题及对策研究 [J]. 武汉职业技术学院学报，2008（7）：50-65.

制没有形成，以经营为主体的企业在缺乏利益支持的情况下，缺乏参与校企合作的动力，即便是响应国家政策参与职业院校校企合作，也多半是浅尝辄止，不愿与校方展开深入合作①。

（三）校企合作深度不够

从校企合作的广度来看，大多数高职院校的校企合作仍停留在某些专业的试点阶段，大部分专业仍停留在传统教育模式上。即使是走在全国前列的职业院校，其校企合作培养模式也没有覆盖所有专业。从校企合作的深度上看，校企合作的关键是学校和企业之间的合作，真正实现"互利共赢"。主要表现在以下几方面：第一，与企业的合作可以促进学校提高教育教学质量和实现办学的目标；第二，高职院校要把人才、技术和科研成果转化为经济效益，为企业带来实实在在的效益②。然而，大多数高职院校的校企合作还停留在表面，大多数职业院校受自身教学水平的限制，只从企业那里寻求资金、设备和场地，服务企业的能力是非常有限的。同时，大多数高职院校建立了校企合作委员会或专业指导委员会，但实际上专业培养计划还是基于学校，课程设置和课程内容也是以理论教学为主，很多的实践教学环节还是停留在专业培养计划上，并没有得到企业的通力配合和认可。

在我国目前高职院校与企业的合作中，建设实习实训基地是最常见的校企合作模式。该模式可以直接为学生提供一个利用公司现有资源进行顶岗实习和工学交替的平台。它往往不需要企业额外投入资金，因此成为企业经常选择的校企合作模式。然而，由于这种浅层的合作并没有被纳入公司的商业计划中，已经成为公司的一个可选项目。企业往往会因为担心实习对运营的影响而暂时取消学生的实习计划。建立的实习基地稳定性不高，连续性不强。由于缺乏合作意愿，更深层次的产教融合模式鲜能在实际中得到推行。

与企业合作之初，学校往往更有热情和冲劲。在双方功利性目标的驱动下，学校与企业之间的合作意愿相对较强，这往往使得学校为了解决学生的就业问题而盲目与企业合作，而不去评价企业的质量；为了其他利益，企业同意与学校合作，条件是"学校必须为企业提供劳动力"。在这种合作中，学校与企业之间的合作往往是仓促的，学校很容易将"黑名单"企业引入学校，企业不会真正开展学校需要的合作项目。学校吸取教训后，不得不提前终止合作

① 周绍梅. 产业转型升级视角下职业教育产教融合的症结与破解 [J]. 教育与职业，2018（2）：8-14.

② 顾准. 教学产业园：高职办学模式的创新与实践 [J]. 安徽电子信息职业技术学院学报，2013，12（5）：44-47.

关系，导致"一次性合作"现象①。

（四）有效的评价机制尚未建立

2014年5月，《国务院关于加快发展现代职业教育的决定》（国发〔2014〕19号）指出："注重发挥行业、用人单位作用，积极支持第三方机构开展评价。"2015年，教育部下发《关于深入推进教育管办评分离促进政府职能改变的若干意见》，部署构建"政府管教育、学校办教育、社会评教育"的格局。2017年年底国务院办公厅印发的《关于深化产教融合的若干意见》指出，"积极支持社会第三方机构开展产教融合效能评价，健全统计评价体系。鼓励第三方开展产教融合型城市和企业建设评价，完善支持激励政策"。为推动校企合作的发展，自2010年以来，国家出台了一系列的政策措施，并强调第三方教育评价的重要作用，鼓励社会机构积极参与第三方教育评价，反映了国家层面对产教融合和第三方评价的重视，但配套的法律、政策和制度还未跟上，限制了产业规模，在市场准入、资质管理、行业管理、产业化推进等方面缺乏有效的衔接。政府、学校、专业评估机构、行业、企业等社会组织尚未建立起多元参与的教育评估体系，也没有有效的途径来推动第三方评估体系深入实施。因此，第三方教育评价滞后于其他领域的第三方评价。评价机制尚未形成，市场发展方向不明确，市场规模和前景不明朗。

校企合作的目的是通过有效地开发人力资源，实现个体的知识技能转化为整个社会的强大生产力。湖南省人力资源供需的动态失衡极其严重，这表现为两者在适应和促进经济社会发展的竞争中，教育相对落后，跟不上产业需求的快速调整。这既与深层次的制度和体制问题有关，也与政府和市场权力与责任分工领域的教育和公共服务有关，还与社会组织和企业是否参与教育事业改革发展与人才培养的科学、合理制度安排等有关。

由于过去长期使用政府提供的教育评价，社会对第三方教育评价结果的信任度很低。同时，从评价结果的应用现状看，第三方评价结果应用机制尚未形成，从教育政策支持方向看，在财政拨款、重点项目、招生计划等方面主要还是教育行政主管部门主导的评价在其中发挥了重要作用，这些评价一定程度上仅反映了学院办学条件和教学科研成果优劣，与人才培养质量尚缺乏直接的联系，同时也缺少社会、行业企业等用人单位和家长的参与以及成果应用评价。

目前，湖南省对职业教育校企合作的第三方评价较少，只有少数具有先进思想和改革精神的机构在尝试。从区域校企合作的角度看，校企合作有三个层

---

① 安杰山. 中职校企深度合作的瓶颈及对策研究［J］. 职教论坛，2010（28）：64-66，70.

面：宏观、中观和微观。宏观层面是区域整体产业结构与职业教育专业结构之间的衔接；中观层面是院校专业群与产业群、产业链的匹配程度；微观层面是课程群与专业岗位群、专业文化建设与企业文化的融合。然而，这一领域既没有系统的研究，也没有第三方评估机构在这一领域现状的研究。同时，从湖南省教育评估的现状来看，第三方评估机构在社会关系、资金来源等方面都无法与政府支持的评估机构相比较。各类第三方评估机构都面临"生存"或"发展"的困境，如资金来源、项目来源、与行政部门的关系、市场发展问题的评估、公平竞争环境等。这大大影响到它的专业性，进而影响到它的竞争力和权威。

二、高职院校"双创"人才培养模式问题分析

相对于发达国家来说，我国"双创"教育起步晚，在理论和实践层面与发达国家还有一定的差距。虽然一些高职院校积极探索"双创"教育，取得了一定的进展和成效，但从整体来看，许多高职院校在"双创"教育的理念和模式、师资队伍建设、"双创"课程体系和双创实践等方面还存在一些问题。

（一）"双创"教育的理念认知模糊

目前许多高职院校还没有认识到"双创"的本质，"双创"教育的理念知识欠缺，表现为院校领导对国家政策的理解不够深入，在制定学校配套制度时出现偏差。教师对创新教育与创业教育相互融合的意识不强，对"双创"教育观念要么停留在注重创新意识、创新能力的培养上，专注于创新成果的钻研，要么停留在创业能力上，没有将创新和创业融合起来。学生对"双创"的认识是创新创业教育是培养企业老板。

对"双创"教育的本质认识不清，导致当前我国高职院校在开展"双创"教育的过程中普遍存在目标定位不明确、理念理解片面化、个别教师不重视、学生不关心、流于形式等问题。主要体现在以下几方面：第一，学生参与度不高。学校只注重极少部分参与创业大赛、挑战杯、职业生涯规划等竞赛的学生，其他大多数学生仍是旁观者。第二，"双创"课程未得到学校、老师和学生的相应重视。因课程设置主要以讲座、选修课等形式开展，未将创业创新课程纳入人才培养方案中。第三，学校在创业创新建设过程中重硬体建设、轻软体建设，缺乏对学生创新意识的培养[1]。第四，"双创"教育与专业教育严重

---

[1] 陈玉伟. 高职"双创"教育发展现状及面临挑战［J］. 教育教学论坛，2018（25）：257-258.

脱节。高校开展的创新创业教育活动与专业教育联系不够紧密，甚至出现游离于人才培养之外的情况，造成创新创业教育与专业教育脱节，导致创新创业教育的针对性和有效性不足，进而影响高校人才培养的整体效果。

（二）"双创"型授课教师缺乏

目前，执行"双创"课程授课的教师大多数是专业课教师、校内兼课教师，甚至是辅导员。创业课程授课教师缺少实践经验，基本上停留在理论讲解上。创新创业教育本身就要求教师除了要具备广博的理论知识以外，还要具有相应的创业经验。在高校教师现行体制的束缚下，教师本身在创新教育方面知识缺乏，很难给学生提供专业化的指导，从而导致高校创新创业教育的质量无法得到保障。"双创"教育不同于纯理论性教学，更侧重于实践，但目前，从事相关教学的老师中，大多数老师的教学内容还是理论知识的讲解，这很难与创业实践有效融合。这些教师缺乏在企业工作或创业的实践经验和经历，对企业的运营、管理没有经验，也没有经过创新创业教育专业培训，在课程教学过程中难以完整地向学生传授创新创业实践经验，激发不了学生的创业热情。

（三）"双创"教育体系尚未形成

第一，缺乏"双创"人才培养体系。"双创"人才的培养并非一堂课或一个学期就能完成的，是一个系统的工程。需要一个学校构建一套人才培养体系，明确"双创"人才培养的定位、目标、知识点和技能点、课程体系和人才质量评价方法等。第二，缺乏"双创"课程体系。"双创"人才培养不能单靠一门课程或两门课程来解决，需要一系列的课程，循环递进式设计。第三，"双创"人才培养体系与专业人才培养体系脱节。随着"双创"教育不断在高等教育领域的深入，各高职院校也相继开设"双创"的相关课程，但每一所高职院校都有自身的特点，在开展"双创"教育中，许多高职院校忽略了将其与自身特色相结合，导致所培养出的学生具备创新创业的意识而缺乏较深厚的专业知识或背景，影响了学生的创业能力和创业效果[①]。

（四）"双创"教育实践不足

高职"双创"教育主要包括树立学生创业意识与创新意识、培养学生创业创新的精神、锤炼学生创业创新的能力等。其中，最核心的是要提升创业创新的能力。创新必须源于实践，"双创"人才培养要重视实践教学。创业实践教学重点培养学生创新意识、创新精神和创业能力。目前高职学生的实践往往

---

① 王艳红，时秋勇，吴小峰. 高职院校"双创"教育现状分析及策略研究 [J]. 黑龙江生态工程职业学院学报，2018，31（1）：75-76，79.

存在脱离真实环境，与生产环节脱节等问题，而"双创"教育必须遵循理论与实践并重的原则。"双创"教育教学的实践基地较少。在教育教学模式上，仅仅以模拟式的"职业规划""挑战"等比赛进行推演，实践经验积累较少，没有真正与社会岗位的需求接轨。学生社团组织的"双创"活动大多为了活动而活动，没有发挥其应有的作用，"双创"教育模式并未形成良性循环。大多数高职院校因为教育经费有限，没有条件建立创新创业实践教学基地，许多实践性教学只能停留在课堂上的推演或想象，制约了"双创"教育教学的效果。"双创"教育实践不足还有一个重要的原因是我国的大学生创新创业缺乏企业的支持。在大学生创新创业的实践阶段，很少有企业愿意为大学生提供实践和积累经验的平台。

第五章 高职"双元双创"人才培养模式构建

高职人才培养是一个系统的、复杂的工程，参与主体与利益相关者多，影响因素众多。关于高职人才培养模式，有以教师、师傅联合传授为特色，以技能培养为主的"现代学徒制"人才培养模式；也有以招生即招工为特征的"订单式"人才培养模式；还有以中学教育为特点的"工学交替"式人才培养模式。而本书把智能制造型人才培养理念、培养目标和培养过程视为一个整体，基于利益相关者和人才学理论的新发展，从新时代人才的新需求出发，尝试构建高职"双元双创"人才培养的理论模型和实践框架。

第一节 高职"双元双创"人才培养模式框架及耦合逻辑

一、高职"双元双创"人才培养模式构建原则

（一）社会需求是导向，培养模式是核心

构建"双元双创"人才培养模式时，要适应市场需求，以市场需求为导向。要遵循职业教育规律和学生身心发展规律，要紧密结合高职学校的办学实际，满足智能制造行业岗位需求与发展现状，要有严格的科学态度，以严谨的职业教育理论作为指导，要用科学的方法作为构建"双元双创"人才培养模式的支撑。

（二）校企合作是手段，创新创业是目标

校企合作、工学结合是职业教育改革和发展的重要途径。尽管目前高职院校都不同程度地尝试了校企合作、工学结合，甚至一些学校取得了一定成效，但是目前校企合作的深度和广度都不够，如何构建稳定、长效的校企合作、工

学结合的运行机制已成为一项迫切的任务。以就业为导向，以能力为本位，突出职业工作能力培养，强化职业素养教育，全面提升学生综合素质，横向拓宽高职学生作为社会人的一般能力和基本素质，以增强毕业生对社会的适应性。

（三）学生是中心，能力是本位

摒弃以往填鸭式的教育教学模式，构建以学生为中心的教育教学模式，反转学生在传统教学中作为知识被动接受者的角色，使其成为知识的主动探索者和构建者。构建的教育教学模式必须有利于激发学生学习的积极性和主动性，有利于培养学生独立思考的能力，有利于培养学生创新精神和实践能力，有利于培养学生合作精神，全面促进学生综合素质提升[1]。必须以通识教育为基础，培养学生较强的综合能力，使学生具有宽泛的知识基础，为学生的可持续发展奠定基础。高校培养出的人才既要有知识又要有能力，更要有使知识和能力得到充分发挥的"素质"，应当以具备基础扎实、知识面宽、能力强、素质高为突出特点，尤其是要具备较强的创新能力。

二、高职"双元双创"人才培养模式构成要素

人才培养模式的核心要素是人才培养理念、人才培养目标和人才培养过程。人才培养理念是对人才培养问题所持有的具有系统性、稳定性、延续性的理性认识和观念体系。人才培养理念关乎"在什么思想指导下培养什么样的人才""理论上应该如何培养人"等问题，对人才培养目标和培养过程具有引领作用[2]。

本书中的人才培养模式包含培养目标、培养内容、培养方式和质量评价四大要素。培养目标、培养内容、培养方式和质量评价四个核心要素相互联系、相互制约，在一定环境的交互中，形成了人才培养模式的基本框架。人才培养模式其实就是要解决"要培养什么样的人才、用什么来培养人、怎样培养人、培养的人怎么样"四个问题。这四个问题有一定的顺序性，环环相扣，逻辑关系不可倒置。

（一）培养目标

考察任何事物，只有把握其目标指向，才能了解其本质。分析事物的系统

---

① 蔡欧. 中等卫校"三元合一"人才培养模式的构建［D］. 广州：广东技术师范学院，2016.

② 李明海. 媒体融合语境下高校传媒人才培养模式创新研究［D］. 重庆：西南大学，2017.

性逻辑是"为了什么",才能明确"做什么"以及"怎么做""做得怎样"①。从这个意义上来说,培养目标是构建模式首要的问题,决定培养模式的方向,是人才培养方式构建的逻辑起点,对整个人才培养模式的构建十分重要,这是高等职业教育的一个根本性问题。

人才培养目标要回答"要培养什么样的人才"的问题,就是通过高等职业教育要把受教育者培养成为怎样的人,也就是教育要达到的目的,是对人才培养的定位和对未来的期许。它制约着人才培养的内容,是人才培养内容制定的依据。

培养人才是为社会经济服务的,所以制定人才培养目标必须研究一系列国家教育政策和经济政策,并随时代的变迁不断变化和完善。只有这样,人才培养目标的界定才有明确的方向和坚实的基础,明确的目标才能在人才规格及其内涵上最符合国家和社会的价值取向。高等职业教育人才培养目标应满足以下四项基本原则:第一,应该符合党和国家的教育方针和教育目标;第二,应满足社会经济发展对专业人才的现实要求;第三,应符合学历制度、学历资格以及国家职业分类和职业技术水平标准;第四,应满足受教育者个体发展的客观要求②。

对人才培养目标的描述主要包括三个方面的内容:一是职业素质方面,包括职业基础、职业资格、职业适应和职业发展;二是能力素质方面,包括认知能力、操作技能、技术分析和学习潜力;三是精神素质方面,包括思想品质、敬业精神、工作态度和合作意识③。

(二) 培养内容

人才培养内容是指"用什么来培养""配置哪些要素""经过哪些程序",通过人才培养内容来贯通人才培养理念和实现人才培养目标,是人才培养理念和人才培养目标的落地与落实,对人才培养具有重要的支撑作用,是人才培养模式中涉及最广的部分,是目的要素的载体和表现形式④,是为实现培养目标经选择而纳入教育活动过程的知识、技能、行为规范、价值观念、世界观等文

① 赵伟. 培养目标的新界定和我国职教格局的重塑 [J]. 中国职业技术教育,2014 (21):46-51.

② 官平. 论新时期我国职业教育培养目标的界定与实现 [J]. 现代技能开发,2003 (1):12-16.

③ 官平. 论新时期我国职业教育培养目标的界定与实现 [J]. 现代技能开发,2003 (1):12-16.

④ 曾君,姚丹,余丽霞. 国内信用管理专业教育现状及问题研究:基于人才培养模式构成要素视角 [J]. 成都师范学院学报,2017,33 (5):1-7.

化总体，一般以课程的形式体现，是人才培养模式中的关键因素，因为任何培养目标都是通过培养内容来实现的①。人才培养内容包括课程体系、教学资源、专业设置（设置口径、设置方向、设置时间和空间）和教学制度。其中教学资源具体又包括学习环境营造、硬件设施、课程资源和实习实训条件。

（三）培养方式

人才培养方式回答"怎样培养人"的问题，是达到培养目标、实施培养内容要素的具体手段，影响着人才培养的效果。人才培养方式包括教育者施教的方式、受教育者学的方式②。我国高职院校人才培养方式不断探索与创新，形成"产教融合""校企合作""校校合作""双导师型""订单式"等多方联合培养的方式③。

（四）质量评价

人才培养质量评价回答"培养的人怎么样"的问题，是对培养目标是否达成的检验，是对培养过程、培养质量与效益的评价，对前三种要素具有反馈与调控的作用。质量评价是人才培养模式的关键，贯穿于人才培养的各个环节。具体来说，它收集人才培养过程中各方面的信息，并根据一定的标准、人才培养的质量和效益，运用评价技术、客观测量和科学判断，监控培养目标、培养体系、培养过程，并及时反馈和调整④。

三、高职"双元双创"人才培养模型

（一）培养模型

高职"双元双创"人才培养模型如图5-1所示。

---

① 王启龙，徐涵. 职业教育人才培养模式的内涵及构成要素［J］. 江苏技术师范学院学报（职教通讯），2008（6）：21-24.

② 王启龙，徐涵. 职业教育人才培养模式的内涵及构成要素［J］. 江苏技术师范学院学报（职教通讯），2008（6）：21-24.

③ 曾君，姚丹，余丽霞. 国内信用管理专业教育现状及问题研究：基于人才培养模式构成要素视角［J］. 成都师范学院学报，2017，33（5）：1-7.

④ 唐远金. 体育教育专业复合型人才培养模式的构成要素分析［J］. 职业时空，2008（10）：229-230.

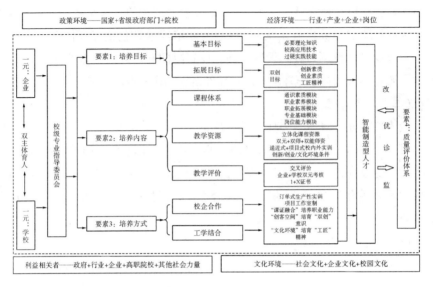

图 5-1　高职"双元双创"人才培养模型

（二）耦合逻辑

1. "双元"有机耦合，贯穿培养全过程

学校和企业是人才培养模式的操作主体，通过建立校级专业指导委员会来规定各主体的权责。教育部《关于全面提高高等职业教育教学质量的若干意见》指出："要发挥行业企业和专业教学指导委员会的作用，加强专业教学标准建设。"校级专业指导委员会由8~10人组成，学校方可以是本专业系主任、专业带头人和骨干老师，企业方可以是部门经理、部门主管和业务精英。学校与企业发挥各自的长处，学校的优势是通晓教育理论，擅长知识传授，将实践中的知识构建成课程体系，建成一门门课程，有较全面、系统的教学条件和教学制度，简单来说就是学校具有教学理论、专业知识理论和教学实践优点。而企业的优势主要体现在专业技术的实践方面，对技术变化先知先觉，擅长把理论付诸实践，拥有实践所需的资源。模型中一元是企业，是第一主体，一元是学校，是第二主体，双元结合发挥各自的优势，实现共同育人。理论知识学习过程和实践工作过程相结合，人才培养方式与用人标准相结合，专业设置、课程体系搭建与企业需求相结合，技能训练与岗位要求相结合，实习基地建设与师资培养相结合，服务企业、拓展学校发展空间与企业发展相结合，校企双方在人才培养过程中是一种合作、互利的关系。为使培养出来的人才真正符合职业岗位的要求，保证企业用人的质量，企业应全方位、深层次地参与人才培养过程，即不仅参与培养计划的制订，而且参与人才培养计划实施的全过程。为此，校企双方都会充分利用现有的一切有利条件，投入相应的人力、财力、物力，提供相应的教育教学设施、设备。因此，这种人才培养模式更能充分整合社会教育资源，提高教育效率。

这种模式强调"双主体"，而不是单方面的主导，学校与企业两个教学目标、两种教学方式相结合，并且它们在地位上是对等的、相互依存的；人才培养的对象身份的双元性，一元是学生，另一元是学徒，具有双重身份，学员在职业学校里接受专业理论和普通文化知识教育，在企业里接受职业技能和与之相关的专业知识培训；教师和企业员工具有双重身份，教师除了承担日常教学工作，还要参与项目的指导和管理；企业员工是企业的员工，但又要承担学校的教学任务。

2. 内部系统与外部环境耦合，形成良性循环的动力

人才培养是一个系统性工程，人才培养不能脱离当时的外部环境。在本书的人才培养模型中，外部环境是指宏观层面的，主要包括政策环境、经济环境、利益相关者和文化环境，它们会对人才培养产生直接或间接的影响。在不同的教育教学理念和制度安排下，需要对这些因素进行不同的权重设置和排列组合，会产生不同的人才培养模式①。

在宏观层面，科学技术的发展会对经济的发展产生深远的影响，如从工业1.0到工业4.0，对人才的需求就会发生很大的变化。经济环境变化就会促使政府为对经济进行调控而出台相关的经济政策，而教育是为经济发展培养人才的，这样与之配套的教育政策也会出台。所以，任何人才培养模式首先要符合国家的经济政策和教育政策，进而影响人才培养的内部系统，在不同时期就应该有不同的人才培养目标、内容和方式。在微观层面，培养目标、培养内容、培养方式和质量评价相互影响、相互制约。培养目标与培养过程有机统一。同时，要把确定的人才培养目标贯穿于人才培养的全过程，采用恰当的课程体系、实践体系和支撑体系来提高人才培养质量。同时，课程要形成体系而不仅仅是由各种课程组合而成的"拼盘"，实践要形成体系而不仅仅是片面加大实践的分量，支撑要形成体系而不能过分突出某一方面而顾此失彼，同时，课程体系、实践体系和支撑体系都要与人才培养目标相吻合②。

---

① 李明海. 媒体融合语境下高校传媒人才培养模式创新研究 [D]. 重庆：西南大学，2017.
② 李明海. 媒体融合语境下高校传媒人才培养模式创新研究 [D]. 重庆：西南大学，2017.

第二节 高职"双元双创"人才培养的目标探析

一、高职人才培养目标演变轨迹

在确定本书中的高职"双元双创"人才培养目标前,应全面掌握我国高职人才培养目标的发展脉络,厘清各时期国家对高职人才培养目标的总的要求。本书中的人才培养目标梳理以 1999 年为起点。1999 年中共中央、国务院《关于深化教育改革全面推进素质教育的决定》指出"现有的职业大学、独立设置的成人高校和部分高等专科学校要通过改革、改组和改制,逐步调整为职业技术学院(或职业学院)"①,第一次明确了"职业技术学院"的概念。

(一)第一阶段:突出"技术型"人才培养目标

2000 年 1 月教育部下发了《教育部关于加强高职高专教育人才培养工作的意见》(教高〔2000〕2 号),提出了"高等技术应用性专门人才"培养目标②。该文件吸取了改革开放以来我国高职教育理论研究成果与实践探索的有益经验,对高职人才培养目标做了比较全面的规定,回应了时代对高职教育的要求,对学生的思想政治、道德素质、职业精神、理论与实践关系等方面提出比较完整、比较具体、具有比较强的可操作性的目标要求③。

2002 年 8 月,《国务院关于大力推进职业教育改革与发展的决定》(国发〔2002〕16 号)提出"全面实施素质教育,要加强爱岗敬业、诚实守信、办事公道、服务群众、奉献社会的职业道德教育,加强文化基础教育、职业能力教育和身心健康教育,注重培养受教育者的专业技能、钻研精神、务实精神、创新精神和创业能力","培养一大批生产、服务第一线的高素质劳动者和实用人才"④。

这一时期,经过不断探索,国家对高职人才培养目标的表述逐渐深化,尽管不同文件中有不同表述,但这一时期着重强调"技术型""工艺型""生产

---

① 中国教育年鉴编辑部. 中国教育年鉴(2000)[Z]. 北京:人民教育出版社,2000:3.

② 中华人民共和国教育部. 关于印发《教育部关于加强高职高专教育人才培养工作的意见》的通知[EB/OL]. (2000-01-17)[2018-08-19]. http://www.moe.gov.cn/srcsite/A08/s7056/200001/t20000117_162628.html.

③ 刘松林,马庆发. 改革开放以来我国高职人才培养目标的发展历程与动因[J]. 江苏高教,2009(1):130-132.

④ 中国教育年鉴编辑部. 中国教育年鉴(2003)[Z]. 北京:人民教育出版社,2003:782.

型"人才培养。

（二）第二阶段："技术型"向"技能型"人才目标转变

2003年年底，党中央召开的全国人才工作会议上提出了"高技能"人才的概念，与此相呼应，教育部《2003—2007年教育振兴行动计划》提出高职教育要"大量培养高素质的技能型人才特别是高技能人才"①。

2004年，《教育部关于以就业为导向深化高等职业教育改革的若干意见》（教高〔2004〕1号）提出"高等职业院校要主动适应经济和社会发展需要，以就业为导向确定办学目标……坚持培养面向生产、建设、管理、服务第一线需要的'下得去、留得住、用得上'，实践能力强、具有良好职业道德的高技能人才"，并提出"以培养高技能人才为目标，加强教学建设和教学改革"②。"下得去、留得住、用得上"包含了对学生职业价值取向、职业道德及职业能力等要求。

2005年，《国务院关于大力发展职业教育的决定》（国发〔2005〕35号）提出"职业教育要以服务社会主义现代化建设为宗旨，培养数以亿计的高素质劳动者和数以千万计的高技能专门人才"③。

2006年，《教育部关于全面提高高等职业教育教学质量的若干意见》（教高〔2006〕16号），进一步将高职教育培养的"高技能人才"明确定义为"高素质技能型专门人才"④。

2011年8月31日，《教育部关于推进高等职业教育改革创新引领职业教育科学发展的若干意见》（教职成〔2011〕12号）指出"高等职业教育必须准确把握定位和发展方向，自觉承担起服务经济发展方式转变和现代产业体系建设的时代责任，主动适应区域经济社会发展需要，培养数量充足、结构合理的高端技能型专门人才"⑤。首次提出"高端技能型人才"培养目标，强调"高端"。

---

① 中国教育年鉴编辑部. 中国教育年鉴（2004）［Z］. 北京：人民教育出版社，2004：11.

② 中华人民共和国教育部. 教育部关于以就业为导向深化高等职业教育改革的若干意见［EB/OL］.（2004－04－06）［2018－06－19］. http://old. moe. gov. cn/publicfiles/business/htmlfiles/moe/moe_737/201001/xxgk_79654. html.

③ 国务院. 国务院关于大力发展职业教育的决定［EB/OL］.（2005－10－28）［2018－09－19］. http://www.moe.edu.cn/jyb_xxgk/moe_1777/moe_1778/tnull_27730. html.

④ 中华人民共和国教育部. 关于全面提高高等职业教育教学质量的若干意见［EB/OL］.（2006－11－20）［2018－08－23］. http://www.moe.gov.cn/s78/A08/moe_745/tnull_19288. html.

⑤ 中华人民共和国教育部. 教育部关于推进高等职业教育改革创新引信职业教育科学发展的若干意见［EB/OL］.（2011－12－30）［2018－09－09］. http://www. moe. gov. cn/srcsite/A07/s7055/201112/t20111230_171564. html.

这一时期国家把高职人才培养目标置于"经济全球化趋势深入发展，科技进步日新月异，我国经济结构调整不断加快"的大背景下，以终身学习理念为指导，突出了高职教育的技术性、基层性和应用性，强调学生的职业精神和社会能力①。

（三）第三阶段："技术型""技能型"目标并重

2012年6月，教育部《关于印发〈国家教育事业发展第十二个五年规划〉的通知》（教发〔2012〕9号）提出，"教育支撑经济发展和科技创新目标。人力资源开发对经济发展的促进作用显著增强。人才培养结构调整取得重大进展，应用型、技能型、复合型人才的培养比重明显提高，初步建成与现代产业体系相适应的技术技能人才培养强国"②。

2012年10月，《国务院关于建设现代职业教育体系　服务经济发展方式转变的决定（第14稿）》提出"发挥中等职业学校基础作用，重点培养技术技能人才；发挥专科高等职业院校引领作用，重点培养高端技术技能人才；发展本科职业教育，重点培养复合型、创新型技术技能人才"③。

近年来，我国充分认识到"技术型""技能型"并重的人才培养目标对深化职业教育改革的重要性，提出"技术技能人才"培养目标，避免了片面性和单一性，能为国家建设、生产、服务提供一线人才支撑。因而，职业教育人才培养目标仍然沿用"技术技能人才"培养目标。

二、"双元双创"人才培养目标

本书中的"双元双创"人才培养目标分为基本目标和拓展目标。

（一）"双元双创"人才培养基本目标

基本目标是"具有必要理论知识、较强应用技术、过硬的实践技能的高素质、技能型专门人才"。第一，理论知识不要求过多，但必要的内容一定要掌握。其中的"必要"，除了国家规定的高等教育公共基础课程如思政、数学、人文、外语、计算机等之外，还有一些专业的基础课程。这些知识是进行实践操作的前提，也是学生对于相关专业的初步认识，因此掌握这些理论知识

---

① 高葵芬. 我国高职"高端技术技能人才"培养目标形成发展轨迹分析［J］. 职教通讯，2013（4）：63-65.

② 中华人民共和国教育部. 关于印发《国家教育事业发展第十二个五年规划》的通知［EB/OL］.（2012-06-14）［2018-09-19］. http://www.moe.gov.cn/srcsite/A03/moe_1892/moe_630/201206/t20120614_139702. html.

③ 国务院. 国务院关于建设现代职业教育体系　服务经济发展方式转变的决定（第14稿）［Z］. 高等职业院校校长职业教育与产业发展专题研究班，2012-10-18.

是十分必要的。第二，要求高职生应具有较强的实践技能，可以熟练掌握相关技术并可独立完成相关岗位的技能操作。此外，还要熟悉类似岗位的技术操作流程，具有一定的岗位适应性。第三，具有正确的人生观、价值观、世界观和健全的人格，品质良好，遵守行业道德规范和职业操守，具有敬业心和行业工作热情以及积极学习进取的良好职业修养。培养出品质高尚、人格健全的学生，是育人的根本。

（二）"双元双创"人才培养拓展目标

智能制造阶段对人才提出的新诉求是：发展性、复合型和创新性。智能制造时代，对人才诉求的变化使高职教育面临新的挑战，倒逼人才培养目标必须做出调整。为对接智能制造战略需求以及技术技能人才培养现状，审视当前技术技能人才培养目标，本书认为还需在人才培养基础目标中加入"创新意识""工匠精神""国际视野""创业精神"等，需扩大视野，加强"多素质"复合型人才培养。

1. "创新与创业素质"目标

对接"智能制造""高端制造"的建设要求，高职院校应加强创新创业人才的培养，即融入"创新与创业素质"。"创新素质"是指学生具有创新意识、创新思维、创新能力，能在"创造中学"，在动手操作、合作探究的实践中，乐于发现、分享创意、不断创新、勇于创业[①]。"创业素质"是一种素养的培养，制造业，特别是高端制造业，强调产品创新，学生在学习技术技能时，不仅需要有运用技术技能生产产品的能力，还要有将新产品、新工艺、新流程转变成现实生产力的素养。同时，批量规模化的生产流程将向个性化、小众化转变，最终工业产品与生产者紧密相连，每个生产者都应具备设计和创造产品的能力[②]，因而人才培养目标需要融入"创新与创业素质"，这种目标并不强调将每一位学生培养成老板或企业家，而是强调"创造中学"，提倡乐于发现、分享创意的精神，鼓励动手操作、合作探究的实践方式[③]。创新人才应该具备多样化、高度化的能力。多样化能力，是指掌握多个学科及技术领域的知识，并能运用这些知识分析解决问题的能力；高度化能力，是指对知识的掌握程度

---

① 陈安，林祝亮. 职业院校创客教育的价值、现状及路径 [J]. 中国职业技术教育，2018（2）：25-28.

② 杜灿谊. "中国制造2025"背景下职业教育面临的挑战及应对策略 [J]. 教育与职业，2018（18）：31-35.

③ 陈安，林祝亮. 职业院校创客教育的价值、现状及路径 [J]. 中国职业技术教育，2018（2）：25-28.

在某个学科和技术领域已达到最前沿的水平①。譬如：电子信息产业作为高新技术集聚和处于创新前沿的产业，尤其需要注重培养学生发现问题和设计解决方案、解决跨领域问题、合作沟通、项目管理与组织等能力。在创新人才培养方式上，能力目标的定位应该和电子信息产业实际的技术、商业、社会问题紧密联系，要采取项目式、课题式的培养方式，课程设计的内容具有新颖性、前沿性、现实性、学科交叉性。要建立创新人才培养体制，创设由教育机构和企业共同承担的人才培养机制。

技术技能人才从事着为社会谋取直接利益的生产一线工作，不仅需熟练掌握技术技能知识并能将知识运用于生产、管理或服务实践，同时还需掌握制造和设计技术产品的知识，以生产或创新产品，改善工艺流程，提升管理和服务质量、效率与效益，也即技术技能人才不仅需要传承技术知识，还需要创新技术知识②。技术创新人才，也包括技能创意人才，技能创意人才能创新技术运用方式、改造工艺流程等，使技术"人化"的过程更合理有效。

2. 增加"工匠精神"，培养精细化人才

制造强国战略要求叠加"质量特色"效应，打造"品牌制造"，形成具有自主知识产权的名牌产品，不断提升企业品牌价值和中国制造整体形象③。

2004年，世界品牌研究室（WBL）在对世界各国1 000家知名品牌充分调研的基础上，评出了最具影响力的100个世界品牌，并收集于书籍《世界品牌100强品牌制造》中，并详细阐述了各品牌的历史渊源、经营之道、质量特色等热点问题④。从书中可以看出，从传统制造走向品牌制造，主要叠加以下六个主要因素："质""特""神""淀""谨""同"⑤。"质"，即质量，品牌制造以质量取胜，"中国制造2025"提倡夯实质量发展基础，完善质量管理机制，提升质量控制技术，优化质量发展环境，努力实现制造业质量大幅提升⑥。"特"，即"特色"，品牌制造应有"人无我有、人有我精"的特色，对

① 本刊编辑部. 理论探讨：中国职业教育现代化发展理论与路径：中国职业教育现代化论坛观点摘编 [J]. 中国职业技术教育, 2016 (16)：17-38.

② 肖坤, 夏伟, 卢晓中. 论协同创新引领技术技能人才培养 [J]. 高教探索, 2014 (3)：11-14.

③ 国务院. 关于印发《中国制造2025》的通知 [EB/OL]. (2015-05-19) [2018-06-09]. http://www.gov.cn/zhengce/content/2015-05/19/content_9784. htm.

④ 世界品牌研究室. 世界品牌100强品牌制造 [M]. 中国电影出版社, 2004：5-35.

⑤ 品牌制造的永恒法则：评《世界品牌100强品牌制造》 [J]. 中国人力资源开发, 2004 (10)：106.

⑥ 国务院印发《中国制造2025》明确九大战略任务和重点要求加强质量品牌建设 [J]. 大众标准化, 2015 (5)：4.

于中国独有的具有本土特色的制造业，需要处理好传承与创新之间的关系，将特色发挥到极致。"神"，即精神，品牌制造应有自身的文化精神和底蕴，有自身独有的发展理念和人文情怀。"淀"，即沉淀，许多世界品牌是历史悠久、传统积淀的老品牌，但随着互联网信息技术、智能制造的发展，一些以创新技术取胜的新秀品牌也在诞生，这种沉淀还指"专注"，即品牌创造团队同时专注于打造同一品牌的沉淀力，众志成城将一件事情做好的专注力。"谨"，即严谨，品牌制造是遵守经济规律和市场法则的过程。"同"，即"认同"，品牌产品要获得社会大众的认同，才能成就品牌，这不是依靠广告的炒作，而且取决于时代的需求和社会的认同，同时满足消费者个性化的需求。

对接"品牌制造"要求，不仅需要加强创新从而形成自主知识产权，精益求精的"工匠精神"也是必不可少的。更重要的是，对技术技能人才来说，工匠精神尤为重要。工匠精神主要是指精益求精、追求卓越、勇于创新的精神品格，其突出特点是对产品质量、技术革新等有一股子精雕细琢、永不满足的"偏执"和"傻劲"，坚持追求质量，追求创新，追求超越①。工匠精神是一种精益求精、爱岗敬业的职业品格，是一种崇尚实务、潜心业务的价值追求，是追求创新、不断进步的内在动力。在岗，它是员工做好工作的重要因素；在校，它是学生苦练本领的精神支撑。学生技能的培养、素养的提高，既靠实用知识的直接浇灌，也靠思想教育形成的主观能动性。围绕人才培养目标开展的职业教育、专业教育、思想品格教育，很有作用。不能将之视为"务虚"，要使软件的作用"硬起来"。学校教师和工厂技师都有这样的体会，人在学校学到的知识总是有限的，知识的更新和终身学习是一个人永恒的主题。一个人有了肯学肯钻的精神，就能不断认识新问题、解决新问题；反之，一个人如果缺乏对专业和岗位的热爱，即使他在某一时段有一定的专业水平，他也不会有持久的良好业绩，遑论辉煌的职业成就！因此，在人才培养方案的制订过程中，在人才培养的各个环节，都要注意培养这种工匠精神，避免片面关注专业知识和技能的培养，"丢软失硬"，导致国家发展急需的专业人才心不稳、留不住、长不高。"工匠精神"不能喊口号，应首先写入技术技能人才培养总目标，其次要贯穿于制造类各专业的人才培养方案中，最后要融入课程教学、实习实训等教学活动之中。

---

① 蒋华林，邓绪琳. 工匠精神：高等工程教育面向先进制造培养人才的关键［J/OL］. 重庆大学学报（社会科学版），2019：1－9［2019－02－24］. http：//kns. cnki. net/kcms/detail/50. 1023. c. 20190119. 1003. 002. html.

3. 增加"国际视野"，培养开放型人才

针对中国制造品牌难以"走出去"的现状，高职技术技能人才培养目标需增加"国际视野"。中国制造企业"走出去"，需要培养学生的外语能力，特别是专业外语的能力，同时要让学生具有国际视野、国际精神，通晓国际规则。这要求在技术技能人才培养过程中渗透"国际标准"，将世界大格局、人类共同体的"国际视野"与我国制造业的"地方特色""专业特色"相结合，培养开放型人才。

第三节 高职"双元双创"人才培养的内容研究

一、课程体系

（一）课程体系设计思路

课程体系是同一专业（群）的不同课程按照一定顺序排列的总和，主要体现在必修课与选修课、基础课与专业课等之间的比例关系上。人才培养质量的高低与课程体系设计是否合理有直接的关系[①]。课程体系的设计必须回答好三个关键问题："课程体系要解决什么？""应选择哪些课程和内容？""如何使这些课程进行最佳的组合？"[②]

首先，课程体系的设计应围绕"能力为本位""以人的发展为根本"这一核心思想，并要符合人的认知规律，即"获取—内化—实践—反思—新的获取"。要注重学生的学习体验和经验，尊重学生的主体创造性，使他们的潜能得到最大限度开发，为适应未来社会的发展和终身学习的需要奠定坚实的基础[③]。其次，课程体系的设计应符合经济社会发展的需要和要求。智能制造背景下，新科技、新技术的更新速度非常快。课程体系不是一个封闭的系统，应该时时刻刻关注产业的变化，不断调整和严格筛选进入课程体系的新知识，使在课程体系下培养的人才具有主动的社会适应性。对接经济社会发展需求，主动适应市场需求的不断变化及产业结构的不断调整，使理论知识、实践能力、人文素养、职业道德、工匠精神与教育教学融合发展。再次，课程体系的设计

---

① 钱青青. 现代职业教育体系中的中职课程体系建设研究 [D]. 南昌：江西农业大学，2018.

② 崔颖. 高校课程体系的构建研究 [J]. 高教探索，2009（3）：88-90.

③ 崔颖. 高校课程体系的构建研究 [J]. 高教探索，2009（3）：88-90.

应以就业为导向，高职教育是一种以就业为导向的教育，其职业方向性的特点决定了它必须适应社会的就业需求，服务于特定职业岗位或技术领域，培养生产现场的高技能应用型人才①。最后，课程体系的设计应体现学科知识发展的前沿方向，不能使课程体系滞后于经济社会发展的需求。随着现代科学的发展和知识的不断创新，各种学科资源不断丰富，知识内涵、知识功能、知识获取方式等都发生了很大的变化，更应根据学科发展的逻辑选择有效的、对学生个体具有发展价值和实用价值的知识，使课程体系始终处在动态建设之中②。

总之，课程体系能充分体现专业群与产业链、职业岗位链之间的对接，专业课程内容与职业标准之间的对接，教学过程与生产过程之间的对接。

（二）"五模块"课程体系构建

课程体系的总体目标是现实就业、创业和专升本。结合前面的分析，如图5-2所示，本书的课程体系划分为五个模块，包括通识素质模块、职业拓展模块、职业素养模块、专业基础模块和岗位能力模块。通识素质模块包括人文素质（大学语文、大学数学、大学英语等）、思想素质（思政课）、身体素质（体育课）、艺术修养。职业拓展课模块主要包括公共任选课多门、专业群互选课多门、专业方向课多门，以及跨专业辅修课多门。职业素养模块主要包括创业课程、创新课程、职业塑造课程和职场伦理课程。专业基础模块包括专业的不同岗位的通识基础课。岗位能力模块分为理实模块和实践模块，其中理实模块主要是与一个专业下不同岗位对接的"理论+实践"课程，这里的实操更多的是模拟软件或仿真软件的实训；实践模块包括专业实训课多门、毕业实习、毕业设计和社会实践；这里的专业实训指的是工学结合方式的课程，是真实项目的实训。该课程体系强调学生的素质和素养、职业拓展能力的培养，占到总学分的41%。但职业素质与职业技能是密不可分的，不限于开一门或几门文化课程，后续应贯穿于职业技能训练过程之中。在教学中，也会将对学生的职业训导贯穿于整个教学过程，以培养学生对职业的热爱以及敬业、投入、坚定的职业信念，培养学生高尚的职业道德、创新的职业精神。专业基础模块学分只占12%，基础理论知识既要以必需、够用为度，又要使学生具有可持续发展的能力；专业理论知识既要强调针对性和实用性，又要具有先进性和一定的深广度，及时补充吸收本专业的前沿知识③。岗位能力模块占39%，其中，理实模块占25%，实践模块占27%。突出实践教学在高职教育中的作用，实践

---

① 胡燕燕. 浅谈高职课程体系的构建原则［J］. 中国职业技术教育，2005（1）：47-49.
② 崔颖. 高校课程体系的构建研究［J］. 高教探索，2009（3）：88-90.
③ 谭镜星. 论高职T型人才培养模式的构建［J］. 高等教育研究，2005（10）：72-76.

课程可在模拟或仿真的职业环境下完成，但必须有真实职业环境，使学生受到良好的职业能力和职业素质训练，专业实践课在全部课程中所占比例不应低于30%（见表5-1）。

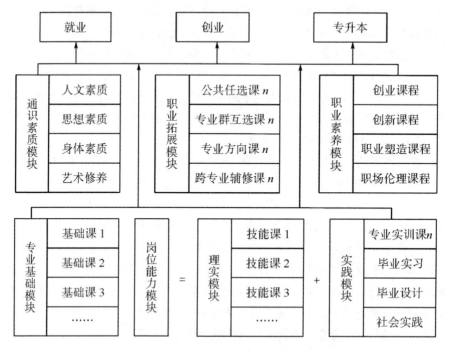

图 5-2　五模块课程体系

表 5-1　课程模块学分、学时分配

课程模块		学分	占总学分比/%	学时	占总学时比/%	实践教学比例/%	开设学期
通识素质模块		40	30	640~800	24~30	30~50	1~4
职业素养模块		10	8	160~200	6~7	30~50	1~5
专业基础模块		16	12	256~320	10~12	30~50	1~3
岗位能力模块	理实模块	25	19	400~500	15~19	60~80	2~4
	实践模块	27	20	432~540	16~20	100	3~5
职业拓展模块		15	11	240~300	9~11	30~50	3~5
合计		133	100	2 670	—	—	—

注：为了说明问题，本表以 MZ 职业院校的 133 个总学分为例，1 个学分对应的学时为 16~20 个，总课时小于等于 2 670。

基础课程应该把真正属于基础性的内容精选出来，专业课程要把与专业有关的现代高新技术知识及时充实进去，充分考虑把那些最必需的知识教给学生。这样既能保证传授最基础的内容、最新的技术知识，又能腾出一定的时间使学生接受更多的动态性知识，让学生学习和掌握一些具有应用潜力和再生作用，能使学生适应未来变化、服务知识经济的知识和本领[1]。

二、教学资源

什么是教学资源呢？关于教学资源的含义，国内学者鲜有研究，从广义来看，有的学者借用经济学的定义，认为教学资源是直接或间接地为学校教育教学过程所需要并构成教育教学要素的、具有一定可选择性的、稀缺性的资源，从这个意义上说，教学资源可以划分为人力资源、空间资源、时间资源等[2]。这种观点其实是把教学资源等同于狭义的教育资源。有些学者从狭义上看，认为教学资源是为教学的有效开展而提供的教材、影视、案例、课件、图片等各种可被利用的素材和条件。国外学者拉尔夫·泰勒认为教学资源应包括四方面的内容："教学目标资源、教学活动资源（教学内容资源）、组织教学活动的资源和制定教学评估方案的资源[3]。"本书所指的教学资源主要包括课程资源、师资队伍、实训条件和实习条件。

（一）"双元"课程资源开发

课程资源是"资源"的一种，从词源上看，"资"，即"财物，本钱，供给，资助"[4]。《辞海》中"资源"的解释是："资财的来源，一般指天然的财源。"[5]《现代汉语词典》（第七版）中"资源"一词解释为"生产资料或生活资料的来源，包括自然资源和社会资源"[6]。德国学者纳维尔·波斯特尔斯威特和瑞典学者托斯顿·胡森等在《国际教育百科全书》（第二卷）中对课程资源进行了解释，认为课程资源是帮助学生知道他们应该学什么，需要什么样的

---

① 宜平. 论新时期我国职业教育培养目标的界定与实现 [J]. 现代技能开发，2003（1）：12-16.

② 薛成龙，邬大光. 论学分制的本质与功能：兼论学分制与教学资源配置的相关性 [J]. 北京大学教育评论，2007（3）：138-156，192.

③ 杨四耕. 师生关系与教学资源 [J]. 当代教育论坛，2003（8）：37-40.

④ 广东、湖南等省辞源修订组，商务印书馆编辑部编. 辞源（修订本）[M]. 北京：商务印书馆，1980：2960，1859.

⑤ 辞海编辑委员会编. 辞海（中）[M]. 上海：上海辞书出版社，1979：3289.

⑥ 中国社会科学院语言研究所词典编辑室编. 现代汉语词典 [M]. 7版. 北京：商务印书馆，1996：1662.

学习经验，组织经验并明白怎样才能使它们发挥累积效应的资源①。课程资源是师生共同开展教与学活动的载体，是培养目标的具体化，是实现培养目标的桥梁②。学生学习岗位所需的知识与技能、培养职业道德与综合素质均需要通过课程资源来实现。

要开哪些课程？所开设的课程内容是什么？弄清这两个问题是开发课程的首要工作。人才的培养以"能力为本位""以就业为导向"，这就决定了课程的设置与课程内容的选取应该来源于市场。所以，在课程的开发中要充分地发挥行业和企业的作用。如图 5-3 所示，首先，在专业教学指导委员会的组织下，以国家职业资格标准为依据，同时结合行业标准和企业标准，确定专业所需要的主要的知识点、技能点和素质点；然后，把具有共性的知识点进行组合，形成若干门课程；最后，根据每门课程中的知识点、技能点和素质点，由企业提供素材和案例，学校教师设计出任务、项目或者实训。课程内容以岗位工作为导向，要具有实用性、先进性、科学性和针对性。突出对实际技能、新技术应用能力和创新精神的培养，知识以"实用为先，够用为度"，从而实现知识与技能有机结合。同时，要将职业资格证书及行业前沿的新知识、新技术和职业技能的有关培训及时纳入，使之更符合实际需要③。

2019 年 1 月，《国务院关于印发国家职业教育改革实施方案的通知》指出，"启动 1+X 证书制度试点工作"。试点工作要进一步发挥好学历证书作用，夯实学生可持续发展基础，鼓励职业院校学生在获得学历证书的同时，积极取得多类职业技能等级证书，拓展就业创业本领，缓解结构性就业矛盾。"1+X"证书制度的落地执行，需要人才培养内容的配套更新，在课程建设、教学内容及方式改革等方面都要践行"1+X"理念，培养多元化复合型人才，满足制造强国战略需求。

———————————

① TORSTEN, HUSEN NEVILLE, 等. 国际教育百科全书［M］. 贵阳：贵州教育出版社，1990.

② 陈德清，刘安华，高仁泽. 高等职业教育人才培养模式的构建与实践［J］. 成才之路，2016（6）：3-4.

③ 杨秀英，李兵. 我国高职教育"双证"融通人才培养模式的构建［J］. 教育与职业，2008（35）：8-11.

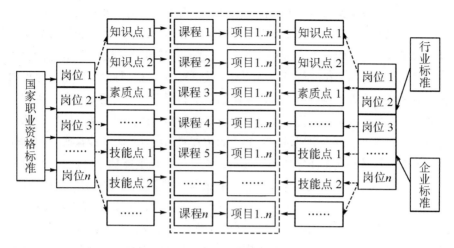

图 5-3　"双元"课程资源开发原理

（二）"双师双能"师资队伍

人才培养模式的实施最终要依靠教师落实，教师团队水平高低直接决定了能否达成教育教学改革目标。专业教师不仅要有教学艺术，更要具备良好的企业岗位实践能力。"双师双能"师资队伍是指在教师队伍的结构上，由学校部分专业基础理论知识扎实、任教经验丰富的"理论型"专职教师，和部分从企业聘任的专业实践经验丰富的"技能型"兼职教师构成的"双师双能"教师队伍。

学校应采取"引、训、聘、评"等方式提升教师的教育教学实践能力：引进企业能工巧匠参与并实施实践教学；以"双薪制"聘请企业能工巧匠担任实践教学导师；通过"走出去、请进来"相结合的方式，激励教师去企业进行实践培训，并吸引企业能工巧匠来学院讲课，鼓励教师建立企业实验室、工作室或"互联网+"业务服务站等，以提升教师的实践教学技能；同时，改革教师评价机制，将教学实践能力作为考核教师的重要评价指标。

（三）多维"递进式"实训实习体系

实践教学应打破时空限制，从教室到工场、从课内到课外、从学校到企业，处处体现环境育人，培养学生的适应能力。必须依托行业协会建立校外实习基地，加强与地方、行业、企业的联系，为学生的各种实习创造良好的条件，不断提升学生的理论知识和操作技能，使学生能较早介入实际的生产活动。

根据人的认知规律，设计"递进式"的实训实习体系。如图 5-4 所示，第一阶段：专业感知认知实训。大一的学生刚刚接触专业基础类的课程，对专业和未来的工作岗位的认识非常模糊，可以通过企业参观或者简单体验来帮助他们树立对专业的信心，对企业文化、将来工作的环境和岗位有初步的认知。

其目的就是使学生跨入本专业的门槛，使学生对本专业的职业取向有一个大致的认识，培养学生职业认同感，开阔视野，激发学生的学习热情和学习的主动性与自觉性。这个阶段的实训可以在校内的实训基地或者校企合作的企业进行，时间大致1周。第二阶段：单一模块模拟实训。这个阶段采用相关课程的模拟实训软件或者仪器设备来进行模拟、演示和操作。目的是使学生具备从事本专业某个岗位的单一技能，能够掌握相关流程和运作方式。第三阶段：综合仿真实训。这个阶段主要通过校企共建的仿真实训项目、企业沙盘或者仿真软件，使学生在教师或企业导师的指导下，在某个岗位上能独立完成某个项目，培养学生较强的专业岗位胜任能力，达到最基本的就业能力要求。第四阶段：真实项目实训/实习。这个阶段是生产性实训环节，需要加强校内外实训（习）基地建设，构建校内外结合、课内外兼容的开放式实训体系。这个阶段的大三学生在校内或者校外生产性实训基地或者创客中心进行创业活动，以项目小组的形式，在企业导师的指导下，参与或者运营真实的项目，提高学生的专业综合能力，提高学生对社会、企业的认知能力，实践操作能力，综合思维能力以及分析问题、解决问题的能力。

学生经过第一、第二、第三阶段的教学性实训，已经掌握了各个岗位的基本知识和技能，但离就业还有一定的距离，往往企业招聘过去后还需要1~3个月的培训和在真实岗位上进行磨合，这样增加了企业的用人成本，这也是目前大多数高职院校培养的学生普遍存在的问题。所以，需要增加第四阶段生产性实训环节来解决最后一公里的问题，经过第四阶段实训的打磨，学生已经成为准职业人，可以实现零距离就业。

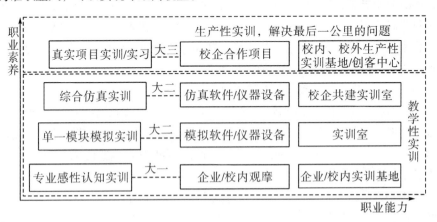

图5-4 多维"递进式"实训实习体系

第四节 高职"双元双创"人才培养的方式改革

一、"工学结合"培养岗位技能

(一)订单式生产性实训

《2007年度国家示范性高等职业院校建设推荐预审标准(试行)》指出,校内生产性实训是指"由学校提供场地和管理,企业提供设备、技术和师资支持,校企合作联合设计和系统组织实训教学的实践教学模式"。本书的订单式生产性实训是指该实训基地是由企业和学校共同出资筹建,或者由企业(学校)单方面出资筹建,然后采用签订订单合同的方式为企业提供生产和服务,这种生产或服务可能是企业生产和销售链条中的某个环节,采取市场化的运作,能够产生真实的经济效益,并在生产过程中培养学生的实践技能,提高学生的综合职业能力的一种实践性教学模式。对学校来说最直接的功能是:一是要实现"工学结合"的人才培养方式;二是要真正实现学生顶岗实习;三是要实现学生零距离就业[①]。而对于企业来说,完成了生产任务或销售任务,还产生了经济效益,同时参加实训的学生将来可能是本企业的员工,在实训中企业发现好的苗子,为企业培养人才储备。对学生来说,提高了学习的兴趣,真刀真枪的实战使学生不再感到枯燥,将大一、大二所学的专业理论知识用于实践,并进一步提升了自己的岗位技能,增加了就业的信心和竞争力,可能将来就业的工资待遇也会更高,同时在校内的实训过程中还会得到企业实训工资。例如,用友网络科技股份有限公司在MZ职业技术学院建设200个工位的校内生产性实训室,把全国的售后呼叫业务放在该学校,学生实训就是上班,在实训过程中学生提供咨询服务,企业按时间给予工资报酬。

(二)项目工作室制

"项目工作室制"的人才培养方式以职业领域和岗位群的实际需要为出发点,让学生直接接触实际工作案例和公司的工作模式,在教师指导下,借鉴企业的管理流程,以小组合作的方式,按照工作流程和项目要求共同商讨方案,分工合作完成整个项目[②]。本书中的"项目工作室制"是针对培养部分精英学生或有创业想法的学生而设置的,这部分学生占到整个专业学生人数的三分之

---

① 丁金昌,童卫军. 校内生产性实训基地建设的探索 [J]. 中国高教研究,2008 (2):57-58.
② 段欣. 对"项目工作室制"人才培养模式的思考 [J]. 中国职业技术教育,2009 (18):74.

一，培养通过课内+课外方式实施。工作室有固定的场所和设施，按照一个小微企业的场景进行布置，有制度，有文化墙，有具体的组织架构，每个部门有负责人，每个部门有具体的职责。工作室的项目来自校企合作的企业或由教师、学生在市场上招揽项目，工作室采用市场化运作，自负盈亏。

个案分析：MZ 职业技术学院的商科类专业都设有工作室，最久的已经成功运营 15 年。现以跨境电商工作室为例进行说明。

阿创跨境电商工作室始创于 2008 年 5 月，集学校、企业、市场于一体，以教师为指导，学生为主导，以为企业真实项目提供服务为依托，并采取市场化运作的三位一体的运营模式。阿创跨境电商工作室以"至诚至公 精业乐业"为室训，下设人力部、外贸部、技术部、运营部和采购部五大部门，由三位学校指导老师、两位企业指导老师和约 50 位国贸专业的学生组成。10 年来，工作室先后为阿里巴巴国际站（湖南办）、湖南友联供应链管理有限公司、深圳市胜达通科技有限公司、广州诚佰忆贸易有限公司、长沙卡特尔环保科技有限公司、深圳祥亮照明有限公司、湖南润泽明天信息有限公司和中山骏驰灯饰有限公司等 20 家企业提供服务，主要服务面向跨境 B2C 和跨境 B2B 电商平台的操作、运营管理、客服服务、国外客户开发和全网营销等。目前累计完成项目 50 余个，创造社会价值 10 万余元，为外贸企业培养了 400 余名优秀人才，60% 的学生已成为外贸主管，部分学生自主创业服务社会。特别是 2013—2017 年，阿创跨境电商工作室依托跨境电商平台（全球速卖通、敦煌网和 Wish 等），以自营和承接外贸企业外包业务的方式，组建学生项目团队，市场化运作，为外贸企业提供服务，参与项目团队的人数累计达 180 人。工作室共承接了深圳市胜达通科技有限公司、广州诚佰忆贸易有限公司、深圳祥亮照明有限公司、湖南润泽明天信息有限公司和中山骏驰灯饰有限公司和长沙跨境电子商务协会会员单位的跨境店铺采集商品信息、产品上架、询盘管理、店铺运营和处理订单等项目，累积实现订单 7 480 个，销售业绩达 123 765.65 美元。该工作室通过真实业务，让学生对接市场，把专业知识用于实践，增强学生专业能力和提高学生的职业素养，实现学校、企业和学生三方共赢，提高了学生服务社会的能力。

二、"课证融合"培养职业能力

从宏观上来说，"课"代表专业人才培养，"证"代表职业岗位要求，"课证融合"是指专业人才培养与职业岗位要求相融合；从微观上来说，"课"代表专业课程，"证"代表职业考证，"课证融合"是指专业课程与职业考证相融合①。本书中的"课证融合"培养职业能力是指把职业考证项目融入专业人才培养方案，使专业人才培养目标与职业岗位要求相统一，使教学内容与职业考证内容、职业岗位要求相融合，使学生毕业时拥有"双证"，甚至"多证"，实现充分就业和优质就业目标的一种高素质应用型人才培养模式②。

教育部《关于深化职业教育教学改革全面提高人才培养质量的若干意见》（教职成〔2015〕6 号）指出：职业院校要加强与职业技能鉴定机构、行业企业的合作，积极推行"双证书"制度，把职业岗位所需要的知识、技能和职业素养融入相关专业教学中，将相关课程考试考核与职业技能鉴定合并进行。根据教育部该文件的要求，职业院校在教学改革中应积极探索将课程教学与职业岗位紧密结合，以期达到职业岗位的必备需求。

2019 年，随着《国家职业教育改革实施方案》（国发〔2019〕4 号）的印发，职业教育迎来新的发展机遇。该方案提出启动"1+X 证书"制度（"学历证书+若干职业技能等级证书"制度）试点工作。在试点工作中，"要进一步发挥好学历证书作用，夯实学生可持续发展基础，鼓励职业院校学生在获得学历证书的同时，积极取得多类职业技能等级证书，拓展就业创业本领，缓解结构性就业矛盾"。根据职业技能等级标准和专业教学标准要求，将证书培训内容有机融入专业人才培养方案，优化课程设置和教学内容③。

三、"创客空间"培育"双创"意识

创客空间是实施"双创"人才培养的实践平台和基础条件。创新 3.0 强调协同创新，通过政校行企等多方合作，打造线上、线下、学校、社会等多维结合的创客空间，为学生创意创新创业能力的形成提供广阔的平台，同时创客空间不再局限于竞赛平台，应向每位学生开放，全面提升高职学生的创客素质。线上空间为虚拟空间，主要包括创客社区、创客集会、创客论坛、创客公众号、创客网页等，创客项目及时发布于线上空间，在与创客支持者不断互动的过程中，不断完善及创建新产品。线下空间为现场空间，主要是通过创客工

---

① 韩艳丽，贾君，曹正，等．"课岗对接，课证融合，课赛融通"课程教学模式改革的探索：以江苏农林职业技术学院食品营养与检测专业为例［J］．教育教学论坛，2016（16）：274-275.

② 章安平，方华．基于职业导向的"课证融合"人才培养模式实践与思考：以浙江金融职业学院国际贸易实务专业为例［J］．中国高教研究，2008（11）：58-60.

③ 国务院．国务院关于印发国家职业教育改革实施方案的通知：国发〔2019〕4 号［EB/OL］.（2019 - 01 - 24）［2019 - 02 - 13］. http://www.gov.cn/zhengce/content/2019 - 02/13/content_5365341. htm.

作坊、创客实物展示等,进行创意创新创业活动。学校空间主要有创客实验室,这区别于传统的实验室。创客实验室往往更加开放,具有较大的空间、多样齐全的设备材料以及用途多样等特征。同时,"创客式"技术技能人才需要创客教师的指导与引导,创客教师应具备创客精神及综合素质,能指导学生进行创客活动。创客教师自己应热爱创意和创造,本身就是一名超级创客,喜欢和学生共同搜寻创意灵感,共同创作新颖产品和作品。社会创客空间是指真实存在的社会创客实践体验平台,主要有公共空间、众创空间等,高职学生可与社会人士共同践行创客旅程及创客社交等,这种创客体验可以更加个性化、灵活多样,可引导学生基于兴趣利用社会创客空间进行创新体验,在社会众创空间等平台得到创客作品规模化生产的咨询和推广服务,使作品变成产品,提升高职学生的创新与创业素质。

四、"文化环境"培育"工匠"精神

2002 年,时任教育部副部长袁贵仁认为,大学是可以通过文化来培养人才的,所谓教书育人、管理育人,服务育人和环境育人,说到底都是文化育人[①]。党的十八大报告指出:"文化是民族的血脉,是人民的精神家园。"[②] 这些论述都强调了文化育人的重要意义。"文化环境"分为大学人文环境和企业文化环境,学生每天都在一定的环境中学习和生活,眼睛看到的、耳朵听到的和身体感受到的,都会对其成长产生深远的影响。

（一）大学文化育人

大学文化能对学生产生潜在性、深刻性和持久性的影响。可以说大学对学生真正有价值的东西,除了知识之外,便是它周围的生活环境,大学生正是在所处的文化氛围中接受文化的沐浴、情操的陶冶、道德的洗礼和人格的升华[③]。大学可以在以下几个方面创设育人环境。

第一,大学要有大师。这种大师是在某个领域非常突出的教师,如教师信息化教学比赛一等奖获得者、创造发明突出贡献者、科研领域突出贡献者、师德标兵等。学校对这些老师要加以塑造,对他们的优秀事迹和不屈不挠的卓越追求精神进行提炼,在校园网站和校园海报上进行宣传,号召学生向他们学习,引导学生崇尚科学、尊重知识、勇于创新。教师的道德修养、人格魅力与精神力量,可以培育学生的人文情怀,培养学生的文化自觉与文化自信,不断发挥高尚师德对

---

① 袁贵仁. 加强大学文化研究推进大学文化建设 [J]. 中国大学教学, 2002 (10): 4.

② 刘献君. 论文化育人 [J]. 高等教育研究, 2013, 34 (2): 1-8.

③ 韩延明. 强化大学文化育人功能 [J]. 教育研究, 2009, 30 (4): 89-93.

学生的感化熏陶作用，塑造学生的高尚品格和健全人格。

第二，利用重大节庆日、纪念日等时间节点，精心设计和组织具有鲜明特色、立意深远的校园文化活动，让学生在不同的文化实践中锻炼才干，锤炼品格，实现价值。

第三，充分利用微博、微信、易班网站等新媒体网络媒介弘扬主旋律、传播正能量，营造健康向上、高雅和谐的大学文化。用大学生喜闻乐见的文化符号和文化元素传播网络文化，提升新媒体对大学生的吸引力和感染力。

第四，利用古老建筑、纪念雕塑、学生宿舍、图书馆、教学楼、体育馆等校园物质形态，宣传标志性人物、事件、器物，诠释校歌、校训、校史等文化载体内涵，发掘其精神内核和厚重的历史文化特征，发挥文化育人的功能和价值①。

第五，以专业或专业群为单位，建设博物馆，如环艺博物馆、电子信息博物馆、人体医学博物馆、服装设计博物馆。通过这些博物馆中器件、任务和标志事件的陈列让学生了解专业的发展历史，对专业发展做出贡献的历史人物产生敬畏，用事迹和精神感染学生，树立一种对专业执着追求的工匠精神。

（二）企业文化育人

思路决定出路，意识主导行为。在学生入校时，对学生进行职业意识的熏陶和培养，将对其日后的学习和职业生涯发展产生深远的影响。企业是职业教育的出发点和归宿，高职院校校园文化和企业文化进行对接可以实现如下几个好处：第一，有利于让学生进一步明确学习方向，了解企业经营理念以及专业知识在企业运营中的巨大作用。通过接触企业文化，强化学生的竞争意识，从而在学习过程中充满紧迫感，使自己的学习生活更加充实，久而久之，专业知识与职业技能均会得到发展，更容易达到教学目标。第二，可以帮助学生对社会有更直观的认识，使其将感性认识上升为理性认识，进而可以以更科学的方式规划个人发展。第三，可以帮助大学生树立正确的人生观、价值观以及对社会的使命感。除此之外，把企业中特有的文化与校园文化整合起来，可以缩小学校与企业对人才要求之间的差距，进一步强化校企合作力度，使学校教学针对性更强。第四，有利于校企合作的顺利开展，在学校进行企业文化的宣传，如宣传企业创业的过程、企业的发展状况、企业的发明专利等，可以增加学生对企业的认同感。

---

① 施卫华. 大学文化育人功能及实现路径研究 [J]. 思想教育研究，2016（5）：117-120.

第五节　高职"双元双创"人才培养的质量评价

人才培养质量评价主要检验受教育者在接受高等职业教育的过程中的知识获得、技能训练、综合素质提高等方面是否达到一定的标准。

一、高职人才培养质量评价现状

(一)政府评估

20 世纪末至 21 世纪初，政府评估在职业教育人才培养评价中占主导地位。20 世纪 90 年代末，政府对职业高中（中职教育）开展国家级评估工作。1990 年 8 月，国家教委印发了《省级重点职业高级中学的标准》，开始对职业高中进行评估，设置了 36 个评估指标，多为定性指标，定量指标较少[①]。

21 世纪初，教育部对高职教育开展人才水平评估。2003 年，教育部采用试点评估形式，对 30 多所试点高职高专院校开展首批人才培养水平评估工作。2004 年 4 月，教育部对全国高职高专院校全面启动人才培养水平评估工作，在颁布评估通知的同时，还颁布了新修订的评估方案、评估工作指南、评估专家组工作细则等。2008 年 4 月，教育部又全面启动第二轮高等职业院校人才培养工作评估[②]。

2006 年，教育部办公厅、财政部办公厅颁布《关于实施国家示范性高等职业院校建设计划　加快高等职业教育改革和发展的意见》、教育部颁布《关于全面提高高等职业教育教学质量的若干意见》，预计在 3 年内遴选出 100 所国家示范性高职院校[③]，这是我国高职教育精品教育评估的开端，同时还有各种配套的精品课程、精品专业、精品教学资源的示范性建设项目评估，各省市也积极响应，制定本省市的职业教育重点建设项目评估方案和标准。"十一五""十二五"期间，大部分高职院校以国家和本省的精品教育评估指标为努力方向，不断争抢精品教育评估所带来的经费、荣誉等政策红利。

2014 年国务院印发的《关于加快发展现代职业教育的决定》和《现代职

---

① 马丽飞，曹晔. 我国中等职业教育评估历程回顾与展望 [J]. 教育与职业，2016 (21)：8-12.

② 孙翠香，庞学光. 我国高等职业教育评估：现状、问题及改进策略 [J]. 河北师范大学学报（教育科学版），2014，16 (5)：57-63.

③ 姚云. 国家示范性高职院校建设的政策解读与评审过程：访教育部高等教育司高职与高专教育处范唯处长 [J]. 大学（研究与评价），2007 (04)：59-64.

业教育体系建设规划（2014—2020 年）》两个重要文件中都明确指出："建立健全职业院校内部质量评价机构和评价制度，完善人才培养各环节质量标准、规范、流程，强化质量保证与监控体系建设。"①

（二）职业院校内部诊断与改进

2015 年 6 月，教育部颁布《关于建立职业院校教学工作诊断与改进制度的通知》，并配套颁布了《高等职业院校内部质量保证体系诊断与改进指导方案》，文件指出，按照"需求导向、自我保证，多元诊断、重在改进"的工作方针，引导高职院校切实履行人才培养工作质量保证主体的责任。文件引导高职院校通过强化人才培养工作数据采集管理、报送质量年度报告等方式，建立常态化的内部质量保证体系以及可持续的诊断与改进工作机制。这标志着职业教育评价由政府评估向内部诊断的转变。文件包含《高职院校内部质量保证体系诊断项目参考表》，该表包含体系总体框架、专业质量保证、师资质量保证、学生全面发展保证、体系运行效果 5 个诊断项目，下设 15 个诊断要素、37 个诊断点。各高职院校根据诊断点，可进行自我诊断，发现问题，及时改进。同时，省级教育行政部门每 3 年对高职院校进行抽样复核，抽样复核的学校数不应少于总数的四分之一②。

虽然这时期是以职业院校的内部自我诊断与改进为主，但真正实行内部诊断与改进的职业院校不多，取得的成效不明显；同时，政府还是按照示范性院校、卓越院校、一般院校等不同优劣等级标准对职业院校进行生均拨款、其他经费资助等。

（三）第三方评价

经济新常态背景下，从国家政策层面来看，政府逐渐意识到现有评价方式的弊端，先后出台了一系列文件鼓励和支持职业教育第三方评价。《关于推进中等和高等职业教育协调发展的指导意见》（教职成〔2011〕9 号）提出："探索建立职业教育第三方质量评价制度。"2014 年 5 月，《国务院关于加快发展现代职业教育的决定》（国发〔2014〕19 号）指出："注重发挥行业、用人单位作用，积极支持第三方机构开展评估。"2015 年 5 月，《教育部关于深入推进教育管办评分离促进政府职能转变的若干意见》（教政法〔2015〕5 号）进一步强调要"支持专业机构和社会组织规范开展教育评价"。在国家政策的鼓励下，2012—2014 年，作为第三方机构的上海教育科学研究院和麦可思研

---

① 国务院. 国务院关于加快发展现代职业教育的决定：国发〔2014〕19 号〔Z〕. 2014.
② 教育部职业教育与成人教育司. 关于印发《高等职业院校内部质量保证体系诊断与改进指导方案（试行）》启动相关工作的通知〔Z〕. 2015-12-30.

究院连续三年联合编写并发布了《中国高等职业教育人才培养质量年度报告》①，受到了社会各界的广泛关注和肯定。但由于我国教育体制等多方面因素的影响，目前第三方评价机构评价仅仅停留在宏观口号层面，缺乏微观层面的诊断和指导。职业教育第三方评价无论在政策文件中还是在实践中都处于起步阶段。

二、人才培养质量综合评价指标体系构建

所谓综合评价指标体系，是指目标、内容、方法等一系列要素构成的一套相对完整的高职人才培养质量评价系统。具体包括评价主体、评价内容、评价步骤、评价方法等方面的内容。本书所界定的评价主体是多元的，包括内部评价主体和外部评价主体。内部评价主体主要是指专业教师、学校教育管理者以及上级政府教育管理者；外部评价主体主要是指学生家长、企业以及社会第三方评价机构等。评价内容主要是评价高职人才培养质量高低，在研究时评价内容应尽可能详尽，细化成二、三、四级指标等。评价步骤主要是先用模糊分析法设计出指标内容，再对指标进行权重赋值，最后对评价指标体系的合理性进行检验分析。评价方法主要指模糊层次分析法，并同时运用专家打分法、因子分析法等多种综合评价方法。因专业（群）的不同，人才培养指标体系是不相同的，为了有针对性地构建人才培养质量评价体系，本书以高职商科类专业为例构建人才培养质量评价指标体系。

（一）高职人才培养质量评价体系构成要素

高职人才培养质量评价构成要素是指用哪些指标来衡量一个学生是否达到预期的培养目标，这些指标的选择应该与人才培养目标相一致，并且要遵循科学评价、适应性评价、多样性评价、发展性评价的原则②。《国家中长期教育改革和发展规划纲要（2010—2020年）》指出，"树立科学的教育质量观，把促进人的全面发展和适应社会需要作为衡量教育质量的根本标准"。该文件明确了在评价人才培养质量时应把学生的全面发展和适应社会需要作为评价指标。学生的全面发展是指德、智、体、美、劳得到全方位提升。"德育"是指正确的人生观和价值观，诚实守信、积极向上和乐观阳光的心态等良好的思想素质；"智育"是指科学文化知识、技能掌握情况；"体育"是指健康的体魄，良好的身体素质；"美育"是指学生正确的审美观；"劳育"指是劳动的观念

---

① 梁卿. 职业教育质量第三方评价的概念探析 [J]. 职业技术教育，2014，35（13）：47-50.
② 马万民. 高等教育人才培养质量评价模型研究 [J]. 中国软科学，2008（8）：153-156.

和劳动技能。

人才培养质量的社会需要适应性就是衡量学生能力是否满足社会的需求，2011年《教育部关于推进高等职业教育改革　创新引领职业教育科学发展的若干意见》（教职成〔2011〕12号）要求高等职业教育"准确把握定位和发展方向，自觉承担起服务经济发展方式转变和现代产业体系建设的时代责任，主动适应区域经济社会发展需要"[①]。"中国制造2025"和"湖南智造"战略的提出，对人才发展提出了新的更高要求。提高制造业创新能力，要求从业人员具有创新思维和创新能力；强化工业基础能力，要求从业人员掌握共性技术和关键工艺；信息化与工业化深度融合，要求从业人员具备信息技术应用能力；发展服务型制造，要求更多复合型人才进入新业态、新领域；发展绿色制造，迫切要求普及绿色技能和绿色文化；打造"中国品牌""中国质量"，迫切要求从业人员具有质量意识和工匠精神等。

马万民认为高等职业教育人才培养的质量标准是质量评价的基本前提，知识、能力、素质是高等教育人才培养质量评价的基本指标[②]。王璐等认为创新创业人才质量评价指标体系应是包容"知识、能力、素质"的综合评价体系，指标的设置要结合创新创业型人才的素质结构，围绕创新创业教育的课程体系，既可以考查学生专业教育和文化素质的水平，又能有效考评学生的创新能力、创业能力、实践能力、创造能力[③]。

方向阳等通过因子分析和专家咨询确定高职院校人才培养质量评价的指标体系包含人才培养输入、人才培养执行和人才培养输出三个方面[④]。

王迪认为高职院校不同学制人才培养质量评价可从思想品德、知识与技能、能力、就业竞争力、社会评价五个方面进行指标构建[⑤]。

赵佩华和胡泊通过学生质量评价、教师水平评价、教学方式评价、教学质量评价、实践教学质量评价、顶岗实习评价、就业质量评价、学生能力评价、

① 教育部. 教育部关于推进高等职业教育改革创新引领职业教育科学发展的若干意见：教职成〔2011〕12号[EB/OL].(2011-09-29).http://old.moe.gov.cn/publicfiles/business/htmlfiles/moe/s6342/201407/xxgk_171561.html.

② 马万民. 高等教育人才培养质量评价模型研究[J]. 中国软科学, 2008(8)：153-156.

③ 王璐, 孟凡静, 李雯. 创新创业型人才培养质量评价体系的构建[J]. 技术与创新管理, 2013, 34(5)：487-490.

④ 方向阳, 孙学文, 甘昭良. 高职院校人才培养质量评价指标体系：高职院校人才培养质量评价研究之一[J]. 现代教育管理, 2009(2)：77-80.

⑤ 王迪. 高职院校不同学制人才培养质量评价指标体系的构建[J]. 广东技术师范学院学报, 2012, 33(7)：114-116.

管理质量评价等,实现人才培养质量的全方位、全过程评价①。

朱平认为对于技术型、应用型人才质量的评价,强调知识、技能和素质三位一体,"学科知识"的标准相对被弱化②。

本书基于上述对国家政策和学者们现有成果分析,结合高职商科类专业人才培养的目标、特点及实际情况,并走访了 15 家与商科类专业对口的用人单位,认为高职"双元双创"人才培养质量评价的一级指标为基本素养、职业能力和发展能力。然后在此基础上运用德尔菲法(Delphi method)确定二级和三级指标,实施步骤如下:第一步,确定了 45 名调研对象。包括商科类的院系负责人 8 人,专业带头人 12 人,企业专家 15 人,优秀毕业生 10 人,广泛覆盖了学校、企业和学生三位一体的管理者、执行者以及受益者,调研对象平均工作年限为 12 年。第二步,收集专家意见。将事先确定的 3 个一级指标(基本素养、职业能力和发展能力)分为 2 列设计,各专家在收到表后,根据自身的经验列出能够表征每个指标的因素集。第三步,对咨询结果进行归纳、整理与分析。最后形成二级指标 8 个,三级指标 21 个,评价指标的基本框架见表 5-2。

表 5-2　高职人才培养质量评价指标体系

目标层(O)	一级指标	二级指标	三级指标	主要表征点
"双元双创"人才培养质量	基本素养(A)	思想政治素质(A_1)	思想素质(A_{11})	是否有正确的人生观、价值观,是否有强烈的社会责任感和使命感
			政治素质(A_{12})	是否爱国爱党,是否具备政治敏锐性
		道德品质(A_2)	道德行为(A_{21})	是否诚实守信、遵纪守法,对企业是否忠诚,是否坚定职业道德,是否奉献社会
			精神品质(A_{22})	能否吃苦耐劳、爱岗敬业、是否有追求卓越的工匠精神
		身心素质(A_3)	身体素质(A_{31})	身体健康状况和体育锻炼情况
			心理素质(A_{32})	心理健康状况、抗挫力和抗压力情况

① 赵佩华,胡泊.基于多元互动的高职院校人才培养质量评价体系探析 [J].职业技术教育,2013,34(32):74-76.

② 朱平.高职与本科"3+2"分段人才培养质量评价体系构建 [J].职业技术教育,2014,35(5):61-63.

表5-2(续)

目标层（O）	一级指标	二级指标	三级指标	主要表征点
"双元双创"人才培养质量	职业能力（B）	通用能力（B₁）	计算机运用能力（B₁₁）	常用办公软件操作熟练程度、打字的速度、快捷键的使用情况
			获取与处理信息能力（B₁₂）	采集选择、处理加工、综合评估信息的能力
			文字与语言表达（B₁₃）	在社会交往的各种环境中运用语言进行恰当、得体的表达的能力，包括口头语言表达和书面语言表达
			团队协作能力（B₁₄）	在职业活动中能与其他成员相互协调、合作的能力
			交流沟通能力（B₁₅）	有效地与他人交流、沟通信息的能力，包括交谈讨论、当众发言、主持会议、对外谈判的能力
		专业能力（B₂）	专业知识的运用能力（B₂₁）	专业基础知识掌握的程度，是否能将理论知识与实际相结合，对行业标准及相关政策法规的掌握情况
			分析和解决问题的能力（B₂₂）	针对职业活动任务特点，运用相关知识，通过观察、深入思考、具体分析，找到问题的所在，并选取一种行之有效的方法来快速解决问题的能力
			工作计划和决策的能力（B₂₃）	掌握制订工作计划的一般步骤，掌握工作决策的基本方法，具备综合和系统思维、流程和标准意识
			创新创造能力（B₂₄）	包括创新意识、创新思维和创新行为，能主动了解专业前沿技术及市场需求，能用新观念解释问题、用新技术解决问题
"双元双创"人才培养质量	发展能力（C）	学习能力（C₁）	学习兴趣（C₁₁）	对新知识、新技术或新事物有浓厚的兴趣，有学习的冲动，愿意接受新的事物
			学习效果（C₁₂）	能够自学新知识、新技术并运用于实践，对新事物接受能力强
		职业规划和调整能力（C₂）	职场自我管理的能力（C₂₁）	能阶段性地对自身职业情况进行总结、评估，根据内外环境的变化，适时适度调整个人职业规划，提高职业生涯中的适应性，发挥个人的最大职业潜能
			环境适应能力（C₂₂）	自理能力，对陌生环境的适应能力
		创业能力（C₃）	创业意识（C₃₁）	学生创业的意愿是否强烈，是否有足够的创业意识
			创业行动（C₃₂）	是否帮助企业第二次创业，是否自己做出创业的行动

1. 基本素养

基本素养分为思想政治素质、道德品质、身心素质 3 个二级指标。思想政治素质的评价包括是否有正确的人生观、价值观，是否有强烈的社会责任感和使命感，是否爱国爱党，是否具备政治敏锐性等。道德品质主要考查学生是否诚实守信、遵纪守法，对企业是否忠诚，是否坚守职业道德，是否奉献社会，能否吃苦耐劳、爱岗敬业和是否有追求卓越的工匠精神。身心素质主要从身体健康状况、体育锻炼情况，以及心理健康状况、抗挫力和抗压力情况方面来评价。

2. 职业能力

职业能力分为通用能力、专业能力 2 个二级指标。通用能力包括计算机运用能力、获取与处理信息能力、文字与语言表达、团队协作能力、交流沟通能力 5 个二级指标。计算机运用能力包括常用办公软件操作熟练程度、打字的速度、快捷键的使用情况；获取与处理信息能力是指采集选择、处理加工、综合评估信息的能力；文字与语言表达是指在社会交往的各种环境中运用语言进行恰当、得体的表达的能力，包括口头语言表达和书面语言表达；团队协作能力是指在职业活动中能与其他成员相互协调、合作的能力；交流沟通能力是指有效地与他人交流、沟通信息的能力，包括交谈讨论、当众发言、主持会议、对外谈判的能力。专业能力包括专业知识的运用能力、分析和解决问题的能力、工作计划和决策的能力、创新创造能力 4 个二级指标。专业知识的运用能力是指专业基础知识掌握的程度，是否能将理论知识与实际相结合，对行业标准及相关政策法规的掌握情况；分析和解决问题的能力是指针对职业活动任务特点，运用相关知识，通过观察、深入思考、具体分析，找到问题的所在，并选取一种行之有效的方法来快速解决问题的能力；工作计划和决策的能力是指掌握制订工作计划的一般步骤，掌握工作决策的基本方法，具备综合和系统思维、流程和标准意识；创新创造能力包括创新意识、创新思维和创新行为，能主动了解专业前沿技术及市场需求，能用新观念解释问题、用新技术解决问题。

3. 发展能力

发展能力包括学习能力、职业规划和调整能力、创业能力。其中，学习能力可以从学习兴趣和学习效果两个方面来衡量。职业规划和调整能力主要包括职场自我管理的能力和环境适应能力。创业能力包括创业意识和创业行动。

（二）评价指标权重的确定

针对层次分析法主观性强、一致性检验困难的问题，借助于德尔菲法进行权重的确定。基本思路为：首先，利用德尔菲法对质量评价指标体系中各级指标的重要程度及相对重要程度进行比较分析，构造出相应的判断矩阵；其次，依据层次分析法求出各个判断矩阵的最大特征值及其对应的特征向量，并进行归一化处理，所得的向量集对应为各级指标的权重集。其基本步骤如下。

1. 建立层次结构模型

评价层次结构是以被评价对象的各种指标为元素组成的集合，结合前面所述可知，高职商科类评价指标分为三级。第一级指标集 $O = \{A, B, C\} = \{$ 基本素养，职业能力，发展能力 $\}$ 。第二级指标从属于第一级指标，其指标集分别为：$A = \{A_1, A_2, A_3\}$，$B = \{B_1, B_2\}$，$C = \{C_1, C_2, C_3\}$ 。第三级指标从属于第二级指标，其指标集分别为：$A_1 = \{A_{11}, A_{12}\}$，$A_2 = \{A_{21}, A_{22}\}$，$A_3 = \{A_{31}, A_{32}\}$，$B_1 = \{B_{11}, B_{12}, B_{13}, B_{14}, B_{15}\}$，$B_2 = \{B_{21}, B_{22}, B_{23}, B_{24}\}$，$C_1 = \{C_{11}, C_{12}\}$，$C_2 = \{C_{21}, C_{22}\}$，$C_3 = \{C_{31}, C_{32}\}$ 。

2. 构造判断矩阵

判断矩阵是表示本层所有因素针对上一层某一个因素的相对重要性的比较。判断矩阵的元素 a_{ij} 用 Saaty 的 1~9 标度方法给出（重要性标度值见表 5-3）。要求参与"双元双创"人才质量评价的专家采用两两比较的办法，用数值 1~9 对主因素层各指标或各个对应子因素层内部各分指标进行打分，并按其重要程度评定等级，由此得到相应的判断矩阵。

表 5-3　重要性标度含义

重要性标度	含义
1	表示两个元素相比，具有同等重要性
3	表示两个元素相比，前者比后者稍重要
5	表示两个元素相比，前者比后者明显重要
7	表示两个元素相比，前者比后者强烈重要
9	表示两个元素相比，前者比后者极端重要
2，4，6，8	表示上述判断的中间值
倒数	若元素 i 与元素 j 的重要性之比为 a_{ij}，则元素 j 与元素 i 的重要性之比为 $a_{ji} = \dfrac{1}{a_{ij}}$

设要比较各准则 $C_1, C_2, \cdots, C_3$ 对目标 A 的重要性，记 C_i 与 C_j 的重要性之比为 a_{ij}，$A = (a_{ij})_{n \times n}$，其中，$a_{ji} = \dfrac{1}{a_{ij}}$ 。若 $n = 4$，可以建立如表 5-4 所示的判

断矩阵 A[①]。

表 5-4 因素权重的判断矩阵

A	C_1	C_2	C_3	C_4
C_1	1	a_{12}	a_{13}	a_{14}
C_2	$\dfrac{1}{a_{12}}$	1	a_{23}	a_{24}
C_3	$\dfrac{1}{a_{13}}$	$\dfrac{1}{a_{23}}$	1	a_{34}
C_4	$\dfrac{1}{a_{14}}$	$\dfrac{1}{a_{24}}$	$\dfrac{1}{a_{34}}$	1

3. 确定权重集

将 A 的每一列向量归一化得到 $\overline{W}_{ij}=e_{ij}\Big/\sum_{i=1}^{n}e_{ij}$ ，其中 n 表示主因素层或子因素层中每组需确定权重的指标总个数。再对 $\overline{w}_{ij}$ 按行求和得到 $\overline{w}_i=\sum_{j=1}^{n}\overline{w}_{ij}$ ，将其归一化，得到 $w=(w_1, w_2, w_3, \cdots, w_n)^T$ ，即为近似特征向量。再求出最大特征根，进而求出一致性指标 C. I. （consistency index），C. I. $=\dfrac{\lambda\max-n}{n-1}$ ，查表确定相应的平均随机一致性指标 R. I. （random index），从而求出一致性比例 C. R. （consistency ratio），C. R. $=\dfrac{\text{C. I.}}{\text{R. I.}}$ （其中，R. I. 值如表 5-5 所示），并进行判断。当 C. R. <0.1 时，认为判断矩阵的一致性是可以接受的，可以直接利用特征向量 W 作为权重向量；C. R. >0.1 时，认为判断矩阵不符合一致性要求，需要对该判断矩阵进行重新修正。

表 5-5 R. I. 值

阶数 n	1	2	3	4	5	6	7	8	9	10
R. I. 值	0	0	0.58	0.90	1.12	1.24	1.32	1.41	1.45	1.49

---

① 唐小艳，孙悦. 职教集团资源共享的综合评价指标构建 [J]. 现代教育管理，2013（11）：85-89.

三、人才培养质量评价模型应用举例

（一）确定权重集

为了对该指标体系进行测试，本书以商科类专业为例进行说明。首先，按照层次分析法的以上步骤，邀请20位专家按照表5-3的要求对各一级指标、二级指标、三级指标的重要程度进行赋值，构造出判断矩阵。然后，依据层次分析法求出各个判断矩阵的最大特征值及其对应的特征向量，并进行归一化处理。最后，所得的向量集对应为各级指标的权重集如表5-6所示。

表5-6 各级指标的权重集（以商科专业为例）

目标层（O）	一级指标	权重	二级指标	权重	三级指标	权重
"双元双创"人才培养质量	基本素养（A）	0.23	思想政治素质（A$_1$）	0.46	思想素质（A$_{11}$）	0.46
					政治素质（A$_{12}$）	0.54
			道德品质（A$_2$）	0.37	道德行为（A$_{21}$）	0.63
					精神品质（A$_{22}$）	0.37
			身心素质（A$_3$）	0.17	身体素质（A$_{31}$）	0.61
					心理素质（A$_{32}$）	0.39
	职业能力（B）	0.58	通用能力（B$_1$）	0.36	计算机运用能力（B$_{11}$）	0.16
					获取与处理信息能力（B$_{12}$）	0.21
					文字与语言表达（B$_{13}$）	0.17
					团队协作能力（B$_{14}$）	0.24
					交流沟通能力（B$_{15}$）	0.22
			专业能力（B$_2$）	0.64	专业知识的运用能力（B$_{21}$）	0.36
					分析和解决问题的能力（B$_{22}$）	0.25
					工作计划和决策的能力（B$_{23}$）	0.21
					创新创造能力（B$_{24}$）	0.18
	发展能力（C）	0.19	学习能力（C$_1$）	0.64	学习兴趣（C$_{11}$）	0.43
					学习效果（C$_{12}$）	0.57
			职业规划和调整能力（C$_2$）	0.13	职场自我管理的能力（C$_{21}$）	0.66
					环境适应能力（C$_{22}$）	0.34
			创业能力（C$_3$）	0.23	创业意识（C$_{31}$）	0.68
					创业行动（C$_{32}$）	0.32

（二）人才培养质量评价

在评价一个专业的人才培养质量时，将人才培养质量分为5个等级：优秀（90~100分）、良好（80~89分）、中等（70~79分）、合格（60~70分）和不合格（60分以下）。评价集 V = {优秀，良好，中等，合格，不合格}。对

每一个二级指标下的多个三级指标按初始模型进行综合评价，即建立三级指标下的评语集 V 的模糊评价矩阵，记为 $R^3{}_i$，$R^3{}_i = (r_{sj})_{m \times k}$，$s$ 为二级指标下对应三级指标的序号，取值范围为 $[1, m]$；j 为评语集中对应的级别序号，取值范围为 $[1, m]$，这里 $k = 5$，即有 5 个评语等级；r_{sj} 表示二级指标下的第 s 个三级指标对第 j 级评语的隶属度，即对第 s 个指标评予第 j 级评语的人数占总评人数的比例，满足归一化要求。其他各二级指标的模糊矩阵 $R^3{}_i$ 可以类似得到。然后由二级指标下三级指标的权重向量与相应模糊判断矩阵的乘积构成该二级指标的模糊评价向量，记为 $B^3{}_i = W^3{}_i \cdot R^3$。这种方法可以计算出 4 个二级指标的 $B^3{}_1$、$B^3{}_2$、$B^3{}_3$、$B^3{}_4$ 的模糊评价向量，进行归一化处理后记为 $B^3{}_1{}^*$、$B^3{}_2{}^*$、$B^3{}_3{}^*$、$B^3{}_4{}^*$。同样的方法计算出一级指标的模糊评价向量。再由一级指标的权重和一级指标的模糊评价向量矩阵构造出综合评价向量，记为 U，$U = W \cdot B^1{}_i{}^*$，最后可以计算出某个专业人才培养质量的综合评价分值为：$F = U \cdot V^T$，例如 $F = U \cdot V^T = (0.618, 0.252, 0.13, 0, 0) \cdot (95, 85, 75, 65, 55)^T = 89.88$。

最后根据评价值 F 与评语集的对应关系可以得到该人才培养质量处于"良好"水平。

第六章　高职"双元双创"人才培养保障机制

一种模式的良好运行需要一种内生动力，本章将从宏观和微观两个层面阐述高职"双元双创"人才培养运行的动力保障机制。

第一节　宏观层面：建立协同联动的政策机制

一、政府推动构建校企协同的生态系统

政府是教育的推动者和政策的制定者。政府在职业教育中必须做好顶层设计，把职业教育纳入经济社会发展规划，制定有利于职业教育发展的相关配套政策和相关法规，使校企合作有法可依、有章可循。如制定专门的职业教育校企合作政策，并配以相关的职业教育政策、产业政策、人力资源政策、财政政策及相关法律等，并使各政策和法律相互衔接、互为支撑，以期在法律和政策层面形成资源统筹、校企协同的生态系统，并推动政策贯彻执行，充分发挥市场调节作用，让各方育人主体充分发挥作用。

（一）制定鼓励企业参与校企合作的优惠政策

目前，职业院校和有关企业的合作主要还是由学校主导、以感情联络为主的浅层次合作，校企关系较为松散不稳定。校企合作缺乏政府层面的组织领导机构，长效机制尚未在制度层面建立。学校、企业和政府部门在校企合作中的职责以及相关的法律责任尚未明确定位。

在第四章对国外校企合作的对比研究中，发现国外政府向参与校企合作的企业直接提供课税免除政策或者间接补偿学生参与企业培训的成本，并减轻学生实习出现安全问题时企业承担的经济责任。我国政府可以学习国外的做法，加强宏观立法和调控，制定优惠的经费、财政和税收政策，对企业提供政策支

持和经费赞助，鼓励企业积极参与到校企合作中去①。政府通过制定政策或立法明确企业参与高职人才培养的责、权、利，提高职业院校校企合作的法律保障水平，使《职业学校校企合作促进办法》真正落地执行，明确企业参与人才培养的税收优惠、财政补贴等政策措施，促使企业和职业院校成为技术技能人才培养的"双主体"。

在明确企业的责、权、利的同时，政府还需要进一步制定落实校企合作的评价和激励政策，努力提高企业参与的积极性，推动形成校企共同主导、积极互动、互惠多赢的合作局面。一方面，要加强宣传和切实落实国家对企业支持职业教育的税费减免和资金扶持补偿等方面的相关法规政策，例如要宣传和落实《国家税务总局关于印发〈企业支付学生实习报酬税前扣除管理办法〉的通知》（国税发〔2007〕42 号）、财政部等 11 个部委联合印发的《关于企业职工教育经费提取与使用管理的意见》（财建〔2006〕317 号）、《财政部、国家税务总局关于教育税收政策的通知》（财税〔2004〕39 号）等。另一方面，建议设立政府职业教育校企合作发展专项资金，通过评价考核，对参与校企合作并取得明显育人成效的企业给予成本补贴和表彰激励。同时，对于积极参与校企合作，特别是投入人力、物力、财力建立"厂中校""校中厂"，参与探索"双元制"教育的企业，可以返还企业所交的教育附加费和地方教育附加，专款用于校企合作。

（二）政府组建或鼓励建立协调校企合作的对接平台

学校和企业的合作仅由校友牵线的形式往往单一且局限。美国政府曾建立小企业管理局，该部门通过牵线使小企业与高校等机构进行合作，从而为小企业提供技术、管理等援助，有 500 多所大学成立了 1 000 个小企业发展中心②，企业和高校建立了紧密的合作关系。我国政府可以建立校企合作联合培养平台，该平台作为搭接企业和学校合作的桥梁，对所有希望与学校进行合作的潜在企业持开放、欢迎的姿态③。政府应制定相应的政策，对一些积极投入建设教育资源的企业实行税收减免政策。作为与高职专业群建设联系紧密的中小微企业，虽然近年来国家出台了一系列扶持中小微企业发展的税收优惠政策，如

---

① 姚润玲. 基于利益相关者理论的应用型本科院校产教融合绩效评价研究［D］. 哈尔滨：哈尔滨工业大学，2018.

② Grobe T. Synthesis of existing knowledge and practice in the fiele of educational partnerships［J］. Department of Education，1993：325-535.

③ 姚润玲. 基于利益相关者理论的应用型本科院校产教融合绩效评价研究［D］. 哈尔滨：哈尔滨工业大学，2018.

税法规定企业所得税税率由法定 25% 降为 20%，但是建议对于积极支持职业教育发展、参与职业教育数据库等公共资源共享平台建设的企业实行更优惠的税收减免政策。

（三）改进经费投入机制，促进多元社会性投资

建立职业教育资金投入新机制。合理运用经费杠杆，提高校企合作的质量。作为产学合作的一方，一所合格职业院校应具备相应的实力和条件来满足企业的要求，这是双方合作、谋求共赢的基础。因此，作为主办者，政府要改变教育投入的理念，真正把职业教育和基础教育、普通高等教育放在同等重要的地位，发挥政府公共财政的投入主导作用，建立发展职业教育的资金投入机制，如建立专门的"校企合作教育基金"和有关科技三项及众多相关产业发展专项经费，对积极参与校企合作的企业给予税收与政策优惠，但政府应根据财力来设计投入的最佳方案，重点投入通过评估的优秀职业院校、特色专业，并对职业院校的实践实训环节进行重点改善，最终通过对职业院校以往的"欠账"予以补偿来推动各院校由合格向优秀和示范性高职院校发展，为校企合作的顺利开展提供宽裕的经费保障。

以财政政策促进多元社会性投资。美国校企合作中，政府的拨款和捐款之和占总经费的 5%，社区学院的教学收入有六种来源：学杂费、政府拨款、地方资金、来自学校服务的收入①。学校通过吸纳社会多元化投资来进行校企合作，不仅能够降低政府经费压力，同时也能推动各产业部门参与校企合作②。

二、建立行业指导、监督和协调的机制

行业组织虽然属于民间组织，但代表着本行业全体企业的共同利益，在企业、政府和学校间能发挥极其重要的沟通、服务、协调作用，所以，行业组织的参与和支持也是校企合作的重要保障。在校企合作过程中，需要强化行业组织指导监督、协调和服务机制，以推进职业院校校企合作的顺利进行。在职业院校的校企合作中，行业组织的指导、监督和协调作用主要体现在以下几个方面。

（一）利用行业组织为校企合作搭建顺畅交流平台

行业组织形成的宗旨就是让整个行业中的企业都有共同的经济效益，让这

---

① LAANAN F S. Community Colleges as Facilitators of School-to-Work. [J]. ERIC Clearinghouse for Community Colleges，1995.

② 姚润玲. 基于利益相关者理论的应用型本科院校产教融合绩效评价研究 [D]. 哈尔滨：哈尔滨工业大学，2018.

一行业的发展有合理的规划，利用对行业的经常性调查研究，精确地判断出该行业需要怎样的人才。在合作中，校企双方需要进行大量的需求信息的收集和交换，而行业组织在其中的作用就是传递双方的信息。行业组织经常对本行业的各种情况进行市场调查，尤其是人才的发展与需求情况，协会将收集到的资料传递给教育机构，让其根据相关的调查情况设计人才培养的方案，还能及时对教学活动做出各种调整，这样学校培养的人才更加贴近社会的需要，也能提升经济与社会效益。同时，学校与企业可以利用行业组织进行各项交流活动，让双方在合作更加紧密。如果学校与企业在合作中利用好行业组织，让其发挥积极的作用，就可以深化学校与企业的交流，形成信息的共享机制，也可以让合作关系更加融洽，更有现实意义。

由此可见，行业组织可以给职业院校与企业的合作提供一些具有针对性、时效性的信息，及时反映职业院校与相关企业的合作诉求，为校企合作双方提供可靠翔实的相关数据和全方位的信息服务，在校企合作中充当参谋者与合作方案设计的提供者的角色。显然，在校企合作的实践中，必须强化行业组织的协调服务作用，确保其长期为职业院校校企合作提供稳定畅通的信息渠道，构建信息沟通交流的平台，引导职业院校校企合作朝规范化、科学化方向推进。

（二）利用行业组织为校企合作搭建有效的人才共享平台

行业组织可以从企业与学校两个方面招揽到许多专家形成相关的人才管理中心，让他们对本行业的发展提供一些可行的建议。在学校与企业的合作中，行业组织起着明显的推动作用，协会鼓励学校与企业进行各种交流活动，利用新的科技项目让企业与学校紧密相连，一起进行技术的创新性开发，让企业在实践中少走弯路，吸引更多的高技术人才加入。这种专家形成的管理组织可以给企业提供技术支持，不但会让学校的教学有明显的进步，也能推动企业的经济建设。

（三）利用行业组织为校企合作提供全面的监督协调服务

行业组织是建设现代职业教育体系的重要力量，在促进职业教育校企合作、提升人才培养水平等方面，发挥着不可替代的作用。要发挥行业组织的独特作用，由行业组织出面牵头搭建校企合作平台，组织企业群联合为相关学校提供实习岗位、实训设备和兼职教师，联合下培养订单，能大大降低校企合作的成本，提高校企合作的效益。特别是中小企业居多的行业，许多单个企业不具备单独与学校合作的条件，行业组织在校企合作中的作用就更为重要。

行业组织是整个行业的代表，有四大职能，分别是组织、服务、调节与监督。行业组织根据自身的发展状况，分析并调整好所有合作方之间的关系，从而减少校企双方的运作成本，提高合作效率。

行业组织具有监督协调作用，能够实现对校企双方的约束，是校企合作顺利进行的重要保障。职业院校校企合作的运作过程与落实情况，需要相关行业机构来进行监督与协调，确保校企合作的规范有效运行。一方面，行业组织可促进职业院校校企合作的双方开展自查自纠，及时纠正校企合作中的违规行为，确保校企合作回到正确的运行轨道上来；另一方面，行业组织还能够对高职院校校企合作的双方进行必要的监管干预，防止校企合作项目在具体推进过程中流于形式，对职业院校校企合作的整个过程及双方的行为进行有效的监督，及时公开校企合作项目进展情况，更好地维护职业院校校企合作双方的共同利益。

与此同时，行业组织要起到很好的监督协调作用，还可以从以下三方面入手：一是建设交流方式，在政府、企业和教育机构之间做好协调工作，让学校与企业的合作落到实处；二是促进专业化人才在企业和地方院校之间的流动，知识与技能结合，使专业化人才得到更好的培养和发展；三是宣传各项研究成果，让科技成果顺利融入实践之中，这也是推动学校与企业合作的重要方式。

职教集团也是发挥行业组织优势推进校企合作的有效形式。职教集团以专业和产业为纽带，以行业和企业为依托，以多家骨干职业院校及企业为核心，以校企合作为重点，以资源共享和优势互补为特征，相关职业院校、行业、企业和机构协议参与。其主要功能就是校企合作培养人才，在集团内不仅形成多企多校的合作平台，而且从组织结构上连接了校企双方，形成了校企合作的聚集效益，集团的有效运作能推动校企合作集约化、常态化、制度化发展。因此，只有在政府、企业和职业院校三方的积极互动中才能发挥其合作育人的功能。政府应为校企建立沟通合作的桥梁，营造有利于校企合作的舆论环境，同时完善相关法规政策；企业应以长远的眼光来看待这一人才培养模式，加强与学校的沟通合作，尽可能地为职业教育提供实习条件和经费支持；学校则应积极争取政府与企业的支持，同时以行业、企业为背景，提高教学的针对性和科学性，做好"双师型"教师的培养工作，并以此反哺当地企业，充分调动企业的积极性。因此，要高度重视和大力发挥行业组织的独特作用，充分发挥其引导和鼓励本行业企业开展校企合作的组织作用，发挥其行业资源、技术、信息的集聚优势，强化其对校企合作的指导、协调和服务职能；同时，要将职教集团建设工作放到职业教育改革发展的重要位置，扎实推动、大胆探索、积极实践，把教育发展与行业发展紧密结合起来，创新提升校企合作层次水平。

第二节　微观层面：建立校企双赢的常态化机制

一、转变校企双方观念

（一）更新学校观念，强化服务意识

高职人才培养离不开市场的环境支持，脱离市场需求，过分地强调自主办学，会使高职人才培养的质量大打折扣。有些企业反映，学校老师教的和学生在学校学的与实际存在不符，有些东西早已过时。高职教育应该注重职业培养，注重实践教学，但很多学校实训条件有限，实训的环节比例很少，导致学生的动手能力不强。即使有实训但实训内容与工作实际南辕北辙。要打破这种局面，高职院校必须主动走出自己搭建的"象牙塔"，放低姿态、更新观念、拆墙入企，强化服务意识，把有利于学生成长和发展的教学改革、资源整合作为首要任务。为此，第一，学校领导层面要高度重视，组织成立专门的机构来管理和推进校企合作，在顶层要有相关的制度设计，要明确学校在企业合作方面有哪些优惠的政策，例如场地、资金和人员等。有了制度，系部和专业在跟企业接洽时才能知道学校给出的具体制度，有哪些合作空间。第二，高职院校专业教师很多都没有企业工作的实际经验，即使有，因技术的不断更新，教师已经离开企业一线工作岗位多年，难免也会存在知识脱节现象。所以，专业教师必须推翻教学过程中封闭和落后两座大山，以开放和合作的心态积极主动地与企业沟通合作，增强市场意识和服务意识，在实践层面虚心向企业专家或技术能手请教，切不可因企业精英进入教育行业影响了自身利益而排斥合作。

（二）更新企业观念，强化责任意识

企业虽然以利润最大化为其根本目标，但承担社会责任也同样十分重要。作为一个有社会责任感的企业，加强校企合作不仅仅是解决其人力资源不足问题的权宜之计，同样也是其提高生产效率、增加社会效益的重要内容。在我国，也许企业不乏高精尖的技术和设备，但往往难以招聘到素质高、能力强的专门应用技术人才。员工能力素质低下会直接影响产品的品质，直接影响企业的利润和发展。因此，企业应加强与高职院校的合作，深入专业人才培养过程，联合开发课程，共同编写教材，亲自参与培养，提供锻炼机会，安排学生实训，选择优秀人才就业等。目前，国内众多企业发展面临的人才困难问题与企业普遍缺乏社会责任担当有直接的关系。实践证明，有社会责任担当的企业和积极参与校企合作的企业发展速度更快，应对社会发展风险的能力更强，更

能优先掌握发展机会①。

二、设立校企合作指导委员会

国家制定政策要求自上而下设立校企合作指导委员会,分为三个层次:第一个层次是在行业指导委员会层面设置校企合作指导委员会;第二个层次是在院校层面设置校级校企合作指导委员会;第三个层次是在专业层面设立专业指导委员会。校企合作指导委员会是高职院校强化企业参与职业教育的一种办学机制,是各专业建设咨询和服务的智囊机构,由本行业领域享有较高威望和具有丰富实践经验的行业(企业)专家、行业精英或业务骨干或从事本专业一线教学、管理工作多年的专家教师组成。通过对行业发展需求、专业发展方向、人才培养模式、专业建设标准、人才培养质量、就业状况等问题进行集中审议,促进"以就业为导向"的高职院校专业发展越来越科学,越来越规范。

行业指导委员会层面的校企合作指导委员会可以邀请本行业内的企业作为会员单位自愿参加,它是一家致力于引导和推动本行业内校企合作的非营利性团体,隶属于行业指导委员会。它的工作内容为统筹社会优质职业教育资源,优化资源配置和共享机制,搭建合作通道,为学校和企业搭建人才培养、实习实训、创业就业、职业培养、技术研发服务的平台。根据产业和企业发展需要,推进校企合作共建专业,双方开展联合办学、委托培养、订单培养等人才培养工作。同时也协调企业为院校提供教师顶岗实践、企业技术创新及产品研发、生产工艺改造等岗位;协调院校为企业技术骨干提供学生实训指导、课程设置和专业课教学等专兼职交流渠道。

在院校层面的校级校企合作指导委员会是学校设立的一个专门行政机构,专门管理全校所有专业的校企合作,负责制定学校校企合作的相关制度,并对每个专业校企合作进行评价和监督。

三、建立校企合作常态化的工作保障机制

(一)校企共同制定人才培养方案的工作机制

人才培养方案是学校人才培养的重要文件,是组织教学过程、安排教学任务的基本依据,是实现人才培养目标和培养规格的总体设计和实施计划。校企共同制订科学可行的人才培养方案是校企合作实施人才培养的第一步,是校企合作作用和地位具体体现。它关系到人才培养目标定位是否准确、课程体系是

---

① 张安. 高职院校校企合作问题及对策研究 [D]. 石家庄:河北师范大学,2017.

否合理、课程内容是否科学、教学方式是否灵活、教学条件是否满足。企业参与人才培养方案的制订，才能确保学生的"学"，与企业的"需"对接，能使教师和学生少走很多弯路，能使企业在后期参与校企合作中找到方向和自己的位置。

为推动校企共同制订人才培养方案工作的开展，需要建立具体的工作机制。第一，规定方案制订团队成员的构成原则。首先，校企合作专业指导委员会应该经过市场调研，掌握本专业为这个行业的哪些岗位培养人，并结合学校的优势明确本学校本专业培养的学生面向哪几个岗位，一般为 3~5 个岗位；然后根据岗位来确定制订人才培养方案的成员，包括企业的技术精英或业务骨干或职业能手（至少在本岗位 8 年）、企业人力资源部门负责人、教研室主任、专业带头人。第二，制定人才培养方案工作开展的程序和分工。人才培养方案的制订要经过调研—撰写—论证—修订—论证—实施—调整等步骤，详细的工作流程如图 6-1 所示。评价人才培养模式的选定及能力构成是否适应企业的需要，是一个动态的过程，需要建立由部分核心成员构成的长期人才培养方案修订小组，定期和不定期开展研讨工作，至少要延续到有一到两届学生毕业，直至专业人才培养方案相对成熟。第三，建立人才培养方案诊断与改进机制。可以通过建立的学校层面或者行业校企合作指导委员会及其他第三方评价组织或机构，对人才培养方案的实施情况及实施效果进行全方位诊断，提出有建设性的意见或建议，实现人才培养工作动态的系统性和科学性。

（二）校企共同开发课程资源的工作保障机制

课程资源的含义广泛，本书中的课程资源主要是指纸质版的教材、网络在线课程（文本、视频、声音和图片等）等。校企合作开发课程资源是人才培养工作的重要任务，"旨在通过合作开发课程、重构与优化教学内容、创新教学方法、建设教学资源等，使学生具备更贴近行业实际的知识，提高学生的学习积极性和实际教学效果"[①]。要充分地调动高职院校和企业协同开发课程资源的积极性，需做好以下几个方面的工作。

1. 明确角色定位，发挥各方优势

课程资源开发包括四个角色，分别是政府、学校、企业和课程专家。政府层面：政府在课程开发中具有主导和推动作用，政府制定的推动职业教育发展的政策和制度，能有效提高校企双方参与课程开发的积极性和主动性，保证校

---

① 王卫伟，李蛟，杜庆洋，等. 以课程群为核心的高校教学团队建设实践 [J]. 教育教学论坛，2018.

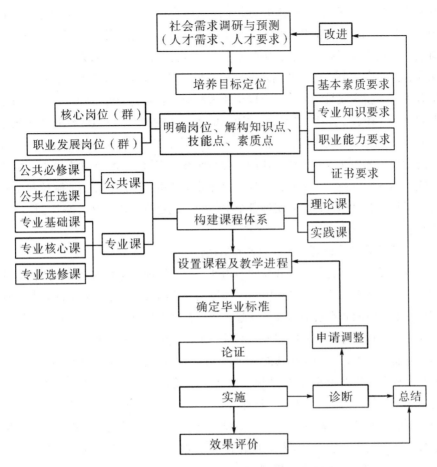

图 6-1　校企共同制订人才培养方案的工作流程

企合作课程开发的实施效果。学校层面：高职院校的办学思想，尤其是教学改革和课程建设方面的理念，决定课程开发的方向和氛围；课程管理人员主要负责课程开发的组织协调和监督管理，控制课程开发的进度；而教师是课程开发的主体，他们参与课程开发的全过程。企业层面：首先是企业高层管理者对校企合作开发课程的认同和支持，其次是企业专家，他们为课程开发提供真实的企业工作案例和胜任岗位必备的职业素质，甚至参与课程的实施和评价，并向教师和学生传授其实际工作经验，就工作中的具体业务问题进行解答。课程专家层面：课程专家是课程开发的指挥者和协调者，他们有着深厚的教育理论功底，并熟悉职业教育课程开发的过程和特性，其专业能力决定课程开发的针对性和有效性①。课程开发团队由具有不同知识背景的人员组成，无论是教学能力，还是知识结构，都各有所长；由企业专家和高校教师组成课程开发团队，有利于深挖企业资源，使教学方法贴近行业实际，满足行业对人才的需求，提高课程的教学效果。通过共同开发教材，制定课程标准、教学大纲，建设教学资源库，创新实践教学模式，可以优化教师对课程与行业知识的认知，从而提升教师的整体教学水平，增强教学团队的辐射影响力②。高职院校的教师在课程开发中具有重要的作用，他们具有丰富的教学经验，了解高职教学的特色，知道如何去把握课程开发内容才能适合高职教学需求。同时企业专家来自生产一线，熟悉的也是工作本身，对教育原理并不熟悉。因此，在高职院校和企业合作课程开发过程中，必须明确各个主体的角色定位，切实提高各个主体的工作积极性和工作质量③。

2. 课程资源建设要具有针对性和适用性

为了提高校企合作课程开发的实用性，就必须加强课程内容编写的针对性和适用性。在教材的编写过程中，应该根据企业的实际需求和相关的职业教育理论标准，将两者有机地结合在一起，使得教材既具有先进的理论指导，同时又能真实体现企业对人才的需求，使得学生在掌握理论知识的基础上，能够根据企业需求加强自身的实践技能。同时，课程内容上还应该注重实践环节，充分利用校企合作的企业资源，加强学生实践技能培训，使学生毕业后能够快速地适应岗位的要求④。以职业资格标准为基础，结合"1+X"中的"X"证书的职业能力要求开发职业资格标准课程。把职业需要的技能、知识、素质有机地整合到一起，直接面向课程，使课程资源建设更具有针对性与适应性。

3. 建立课程资源开发的机制

（1）政策保障

政府负责对高职课程开发的统筹和引导，政府职能部门出台能够保障校企合作课程资源开发科学有序顺畅进行的政策文件。鼓励企业、社会机构广泛参与高职教育，形成可持续的、高效的合作模式，使校企合作课程开发能长期稳

① 周晓娟. 定岗双元模式下高职报关专业校企合作课程开发机制的构建研究 [J]. 物流工程与管理，2014，36（11）：186-188.

② 谭燕瑜，唐凡茗. 校企合作开发课程教学团队建设的困境与对策研究 [J]. 科技视界，2019（1）：49-51.

③ 刘刚，孙经兴. 高职院校与企业合作课程开发的机制与方法研究 [J]. 教育教学论坛，2015（52）：35-36.

④ 刘刚，孙经兴. 高职院校与企业合作课程开发的机制与方法研究 [J]. 教育教学论坛，2015（52）：35-36.

定地推进。相关行业协会、社会组织进行引导，通过舆论对校企合作进行广泛宣传，为课程开发创造平台，不断提高校企合作课程开发过程中各方的知名度。

政府制定配套的政策法规和实施细则，明确学院、企业主体进行课程资源开发的责任和义务，为学院与企业合作提供强有力的激励和保障。政府对于积极参与校企合作课程开发的企业要制订明确的补偿计划，特别是应对课程开发已取得良好社会效益的企业进行大力宣传，给予经济补贴，促进激励机制更好地为校企合作课程开发服务。目前对于课程资源的建设国家设立了国家精品课程、国家资源共享课程、国家在线开放课程等，这些课程的申报主体均为院校，没有专门为企业课程开发立项的平台，不能提升企业的积极性。在国家或在省级层面，由行业牵头，单独为企业设立课程资源开发的项目，一旦立项，将配套相关专项资金予以支持。这些课程资源开发项目可以是以企业为主联合学校申报，也可以是企业内训的一些课程单独申报，这样可以大大地提高企业对课程资源开发的兴趣和积极性。

（2）经费保障

课程的开发是需要经费的，如课程前期的调研与交流，课程开发团队成员参加提升自身课程开发技能的培训，后期课程视频的录制、动画的制作、文本资料的制作和网络课程资源平台的搭建都需要经费支持。经费投入是保证校企合作课程资源开发能够顺利开展的关键。经费一部分来源于国家设立的高职院校校企合作课程资源开发专项资金，一部分为学院对课程资源开发的投入资金，还有一部分来自企业。

（3）智力保障

企业要加强对校企合作课程开发的人员投入。人员投入是促进校企合作课程开发顺利进行的保证。在当前校企合作课程开发中，一个非常大的问题就是企业没有配备专门负责校企合作课程开发的工作人员，导致企业不能很好地了解校企合作课程开发的动态，也不能及时更新关于校企合作课程开发相关的理念。而对高职院校来说，校企合作开发课程，一方面有利于高职教师增加对行业发展趋势的了解，增强科研能力；另一方面，在课程开发过程中与企业专家深度合作，近距离了解对应岗位的工作任务、工作流程及所需能力，再将其转化为适合教学的学习任务和学习情境，从而提高自身教学研究和课程设计能力。

高职院校的评价机制对于指导教师工作具有决定性的作用，制约着教师的角色定位和工作重心，是课程开发管理中不可或缺的一个环节。要想提高教师参与课程开发的积极性，需改革以往的评价机制，突出课程开发和建设在教师绩效考核、职称评定等方面的比重，并能设计指标体系，科学合理地进行量化考核。同样对于参与课程开发的企业专家来说，也要把校企课程资源开发的成果作为其个人在工资调级、职称或职位晋升中的加分项。

四、适应企业的营利性，提高企业在校企合作中的主体地位

营利是企业的基本属性，也是企业与高职院校合作的最大动力。调查中，企业对将知识转化为现实生产力的行为均表现出了极大的热情。高职院校的研究成果如果具备实用价值，能够为企业带来利润，就能受到企业青睐。因此，高职院校的校企合作必须始终坚持为国民经济发展需要服务，为地方经济服务，为企业服务，才能够吸引企业，促使它们主动参与到高职院校科研创新和人才培养中来。在校企合作过程中，高职院校要摆正自己的位置，要认识到企业才是将科研成果转化为现实生产力的实施者，科研成果只有获得企业认可，通过企业才能走向市场，最终实现产业化。因此，要不断强化和提升企业在校企合作中的主体地位，以建立校企合作的长效机制。

参考文献

［1］制造强国战略研究项目组. 制造强国战略研究［M］. 北京：电子工业出版社，2015：4-14.

［2］CELASUN O，BELLA G D，MAHEDY T，et al. The U. S. Manufacturing Recovery：Uptick or Renaissance？［R］. International Monetary Fund（IMF），2014.

［3］朱颖，罗英. 美国重振制造业的举措及对我国的影响［J］. 经济纵横，2013（4）：111-115.

［4］陈静. 发达国家"再工业化"与中国制造业出口竞争力研究［D］. 北京：北京邮电大学，2015.

［5］刘俊卿. 数字工厂是工业4.0愿景的基础［J］. 中国经济和信息化，2014（15）：70.

［6］王喜文. 英国制造业能否重现工业革命时代辉煌［N］. 中国电子报，2014-12-23（4）.

［7］王喜文. 新工业法国从 I 到 II［EB/OL］.［2015-8-13］.http://www.chinaesd.org.cn/Content_Detail.asp？C_ID＝20006918&Column_ID＝37008.

［8］胡凤雅."中国制造2025"与"印度国家制造政策"的战略对接研究［J］. 经济体制改革，2017（5）：162-167.

［9］Ministry of Industry of the Republic of Indonesia. Indonesia's 4th Industrial Revolution［R］. Jakarta：ATKearney，2017.

［10］许召元. 加快形成制造业国际竞争新优势的对策［J］. 经济日报，2018-5-17（16）.

［11］郭庆然，丁翠翠. 新中国产业结构的历史变迁：以制造业为例［J］. 河南科技学院学报，2013（1）：6-11.

［12］何召鹏，卫兴华. 中国特色社会主义经济理论的创新与发展［J］. 当代中国史研究，2018，25（5）：118-119.

［13］中国（海南）改革发展研究院课题组. 大趋势：从中国制造走向中国智造［N］. 上海证券报，2015-03-25（A03）.

［14］丁文珺，杜志明. 我国制造业发展四十年：成就、新形势与转型思路［J］. 经济纵横，2018（8）：70-79.

［15］孙玉磊. 劳动力成本上升影响制造业产业结构的理论与实证研究［D］. 长沙：湖南大学，2014.

［16］储著胜. 面临挑战的中国制造业亟待突围［N］. 证券时报，2018-12-26（A08）.

［17］高望. 中国如何从制造大国转变为制造强国？［N］. 建筑时报，2015-04-16（5）.

［18］湖南省统计局. 湖南省 2013 年国民经济和社会发展统计公报［EB/OL］.（2014-03-14）. http://tjj. hunan. gov. cn/tjfx/tjgb/jjfzgb/201507/t20150718_4326851. html.

［19］湖南省统计局. 湖南省 2014 年国民经济和社会发展统计公报［EB/OL］.（2015-03-17）. http://tjj. hunan. gov. cn/tjfx/tjgb/jjfzgb/201507/t20150718_4326852. html.

［20］郭晓丹. 战略性新兴产业引领"中国制造"转型［N］. 光明日报，2011-07-08（11）.

［21］张邦朝，谢世清，李国治，等. 科技创新是云南省发展农业战略性新兴产业的核心支撑［J］. 农业科技管理，2012，31（6）：10-13.

［22］湖南省经济和信息化委员会. 2014 年湖南战略性新兴产业发展报告［EB/OL］.（2015-03-18）. http://www. miit. gov. cn/n1146290/n1146402/n1146450/c3267022/content. html.

［23］黄旻. 湖南制造：如何从大到强［N］. 湘声报，2016-11-05（2）.

［24］车娇，童泽林，刘侃侃. 湖南制造业推进"中国制造 2025"的SWOT分析与对策［J］. 湖南理工学院学报（自然科学版），2017，30（2）：77-80.

［25］中共湖南省委湖南省人民政府. 绿色湖南建设纲要：中共湖南省委、省人民政府湘发［2012］9 号［EB/OL］.（2012-04-20）. http://www.9ask.cn/fagui/201204/156357_1. html.

［26］刘春光，何斌，唐小艳. 湖南省外商直接投资对环境质量影响的实证检验［J］. 商场现代化，2010（27）：99-100.

［27］《中国制造 2025》解读之六：制造强国"三步走"战略［EB/OL］.

（2015 - 05 - 19）. http://www. miit. gov. cn/n1146295/n1652858/n1653018/c3780688/content.html.

[28] 李燕. 准确把握制造强国新的时代内涵 加快构建制造强国关键支撑体系 [N]. 中国经济时报, 2017-12-07 (4).

[29] 方毅芳. 智能制造技术与标准化体系发展趋势分析 [J]. 中国仪器仪表, 2018 (3)：21-26.

[30] 徐伟峰. 埃美柯阀门车间智能制造系统改造方法研究 [D]. 宁波：宁波大学, 2017.

[31] 孙文峻. 压铸车间智能制造系统关键技术的研究与系统开发 [D]. 杭州：浙江大学, 2017.

[32] 中华人民共和国工业和信息化部. 工业和信息化部启动 2015 年智能制造试点示范专项行动 [EB/OL]. http://www.miit.gov.cn/n1146285/n1146352/n3054355/n3057585/n3057589/c3590704/content.html.

[33] 欧阳劲松, 刘丹, 杜晓辉. 制造的数字化网络化智能化的思考与建议 [J]. 仪器仪表标准化与计量, 2018 (2)：1-6.

[34] 赵晓辉, 刘开雄. 46 个项目入选 2015 年智能制造试点示范项目名单 [J]. 中国职工教育, 2015 (10)：23.

[35] 湖南省人民政府. 湖南省贯彻《中国制造 2025》建设制造强省五年行动计划 (2016—2020 年) 湘政发 [2015] 43 号 [Z]. 2015-11-12.

[36] 陈炜伟, 陈翰哲. 新闻背景：生产性服务业的 "前世今生" [EB/OL]. (2014-08-06) [2018-06-06]. 中央政府门户网站 http://www.gov.cn/xin-wen/2014-08/06/content_2731151. htm.

[37] 绿色制造怎么 "造"？且看战略三步走 [EB/OL]. (2018-03-24) [2018-09-06]. http://sh.qihoo.com/ pc/9a9e4644983b06caf? cota = 4&tj_url = so_rec&sign = 360_e39369d1&refer_scene = so_1.

[38] 湖南省人民政府. 湖南省贯彻《中国制造 2025》建设制造强省五年行动计划 (2016—2020 年)：湘政发 [2015] 43 号 [Z]. 2015-11-12.

[39] 坚持 "一带一部" 战略定位 [N]. 湖南日报, 2018-07-30 (1).

[40] 李欢欢, 付程程. 中国制造 2025 背景下湖南制造业优化升级研究 [J]. 企业导报, 2015 (20)：49-50.

[41] 柳德新. 从 "湖南制造" 到 "湖南创造" [N]. 湖南日报, 2015-04-18 (1).

[42] "湖南智造" 强势崛起 9 家企业列入全国智能制造试点示范 [J]. 中国产经, 2018 (6)：90-91.

[43] 刘训. 打造湖南制造新名片 [J]. 新湘评论, 2016 (12): 20-21.

[44] 中华人民共和国工业和信息化部. 制造业人才发展规划指南 [EB/OL]. (2016-12-27). http://www.miit.gov.cn/n1146295/n1652858/n1652930/n3757016/c5500114/content.html.

[45] 于志晶. 为建设制造强国提供坚实人才支撑:《制造业人才发展规划指南》学习体会 [J]. 职业技术教育, 2017, 38 (6): 11-15.

[46] 孟春青. 高等职业教育如何应对"工业4.0"人才需求 [J]. 教育探索, 2015 (8): 49-51.

[47] 李立国. 工业4.0时代的高等教育人才培养模式 [J]. 清华大学教育研究, 2016 (1): 6-15, 38.

[48] 曹院平, 宋颖. 面向工业4.0背景下的高等教育人才培养模式变革 [J]. 教育观察, 2018, 7 (15): 53-56.

[49] 孟春青. "工业4.0"时代高职院校人才培养模式探析 [J]. 教育教学论坛, 2016 (39): 250-252.

[50] 岩淑霞. 工业4.0背景下电气自动化技术人才培养模式探析 [J]. 广东交通职业技术学院学报, 2018, 17 (2): 89-91.

[51] 王培, 耿冬茹, 刘志军. 工业4.0背景下高职教育人才培养模式改革的新思维:产业链与专业链的对接与融合 [J]. 河北软件职业技术学院学报, 2016, 18 (1): 27-30.

[52] 王傲冰, 张海燕, 赵良伟, 等. 技术技能型人才的可持续发展能力培养研究 [J]. 邢台职业技术学院学报, 2018, 35 (2): 40-41, 49.

[53] 郭英英, 刘洋. 工业4.0背景下职业教育人才培养模式创新研究 [J]. 教育与职业, 2018 (4): 45-48.

[54] 陆启光. 基于"工业4.0"的职业教育转型 [J]. 职教论坛, 2015 (16): 4-9.

[55] 维奇. 契合"工业4.0"发展机遇 创新工学结合人才培养模式 [J]. 高等职业教育 (天津职业大学学报), 2018, 27 (3): 52-55.

[56] 别文群, 王玫瑰. 高职复合创新型技术技能人才培养模式的探索 [J]. 济南职业学院学报, 2015 (4): 16-19.

[57] 温贻芳, 江建春. 企业视角:工业4.0背景下高职制造类专业人才的新需求与培养 [J]. 职教论坛, 2016 (21): 46-49.

[58] 徐兰, 徐婷. 工业4.0背景下高职教育人才培养模式创新研究 [J]. 职业技术教育, 2017, 38 (16): 34-38.

[59] 路明, 朱永生. 大学创新教育对创新型人才培养的重要性 [J]. 中外企业家, 2010 (6): 73-74.

[60] 吴中福. 加强校企合作走产学研结合之路 [J]. 中国高等教育, 1992 (10): 13-14.

[61] 蔡克勇. 社会历史发展的重要趋势: 论加强校企合作的重要性和紧迫性 [J]. 高等教育研究, 1997 (6): 1-5.

[62] 白守仁. 校企合作对建设世界一流大学的推动作用 [J]. 高等工程教育研究, 2003 (5): 18-21.

[63] 杜世禄. 五位一体校企合作打造统筹地方经济社会发展的办学模式 [J]. 教育发展研究, 2004 (7): 113-115.

[64] 刘希平. 建设高职教育强省发力工学结合校企合作 [J]. 中国高等教育, 2008 (22): 42-44.

[65] 徐建平. 推动校企合作搭建人才培养平台 [J]. 中国高等教育, 2008 (23): 41-42.

[66] 陶红林. 依托校企合作实施职业素质教育 [J]. 中国高等教育, 2008 (23): 43-44.

[67] 樊恭烋. 产学合作教育是高校培养人才的有效模式 [J]. 中国高等教育, 1992 (10): 37-39.

[68] 黄义武. 浅析产学合作的结合点与运行机制 [J]. 高等工程教育研究, 1996 (1): 31-33.

[69] 周颐. 高职产学合作教育问题研究 [J]. 教育发展研究, 2008 (13-14: 116-118.

[70] 何杨勇. 高等职业教育工学结合、校企合作的制度反思 [J]. 中国高教研究, 2009 (2): 70-72.

[71] 魏寒柏, 卢致俊, 张海峰. 破解三个难题深化校企合作 [J]. 中国大学教学, 2010 (9): 73-78.

[72] 唐国华, 曾艳英, 罗捷凌. 基于资源依赖理论的高职教育校企合作研究 [J]. 高等工程教育研究, 2014 (4): 71-72.

[73] 余晓鑫, 江成城. 企业参与高职院校校企合作的动因及效果分析 [J]. 广州城市职业学院学报, 2016, 10 (1): 92-96.

[74] 黄亚妮. 高职教育校企合作模式初探 [J]. 教育发展研究, 2006 (5): 68-73.

[75] 林伟连, 邹晓东. 我国产学研合作转型升级趋势分析 [J]. 教育发

展研究, 2010 (17): 74-77.

[76] 叶鉴铭. 校企共同体: 企业主体学校主导: 兼评高等职业教育校企合作"双主体"[J]. 中国高教研究, 2011 (3): 70-72.

[77] 柳坤文, 蔡菊. 校企合作方式的多样性探索 [J]. 成人教育, 2013, 33 (1): 100-102.

[78] 孙伟宏. 探索校企合作模式培养优秀技能人才 [J]. 教育发展研究, 2006 (4): 23-25.

[79] 陈解放. 以校企合作, 工学结合为高职类型特色创新的抓手 [J]. 中国高等教育, 2008 (9): 49-50.

[80] 王自勤. 高职院校校企合作的博弈分析 [J]. 中国高教研究, 2008 (9): 78-79.

[81] 张宇, 和震. 职教培养模式转变的路径及推进策略: 基于校企合作的工学结合的分析 [J]. 教育发展研究, 2008 (21): 11-15.

[82] 林文. 刍议应用型人才培养模式中的创新创业教育 [J]. 福建工程学院学报, 2014 (4): 173-175.

[83] 刘艳, 闫国栋, 孟威, 等. 创新创业教育与专业教育的深度融合 [J]. 中国大学教学, 2014 (11): 35-37.

[84] 马永斌, 柏喆. 大学创新创业教育的实践模式研究与探索 [J]. 清华大学教育研究, 2015, 36 (6): 99-103.

[85] 薛成龙, 卢彩晨, 李端淼. "十二五"期间高校创新创业教育的回顾与思考: 基于《高等教育第三方评估报告》的分析 [J]. 中国高教研究, 2016 (2): 20-28, 73.

[86] 谢和平. 以创新创业教育为引导 全面深化教育教学改革 [J]. 中国高教研究, 2017 (3): 1-5, 11.

[87] 李志义. 创新创业教育之我见 [J]. 中国大学教学, 2014 (4): 5-7.

[88] 邵月花. 高职院校创新创业教育与专业教育有效融合路径研究 [J]. 中国职业技术教育, 2016 (10): 76-79.

[89] 李兵. 关于高职院校"四位一体"创新创业教育评价体系研究 [J]. 中国职业技术教育, 2015 (28): 78-80.

[90] 李隽, 曹玉平. 高职院校"分级递进式"创新创业教育体系构建研究 [J]. 职教论坛, 2016 (26): 27-30.

[91] 陈家颐. 高职人才培养模式的理论思考 [J]. 南通职业大学学报 (综合版), 2004 (1): 61-69.

［92］唐玉凤. 职技高师人才培养模式的构建［J］. 高等农业教育，2004
（4）：72-74.

［93］王启龙，徐涵. 职业教育人才培养模式的内涵及构成要素［J］. 江
苏技术师范学院学报（职教通讯），2008（6）：21-24.

［94］李海宗. 论高等职业技术教育人才培养模式的构成要素［J］. 中国
成人教育，2008（21）：98-99.

［95］刘忠喜. 人才培养模式概念、层次及构成要素［J］. 海南广播电视
大学学报，2014，15（3）：107-110.

［96］刘紫婷. 高职院校工学结合人才培养模式的实践与探讨［J］. 中国
高教研究，2007（8）：48-49.

［97］张永良，张学琴. 高职"订单式"人才培养模式的有效机制探索
［J］. 中国高教研究，2007（6）：51-52.

［98］谢俊华. 高职院校现代学徒制人才培养模式探讨［J］. 职教论坛，
2013（16）：24-26.

［99］周丽娟. 近二十年职业教育人才培养模式研究综述［J］. 教育教学
论坛，2015（8）：1-2.

［100］朱红娟. 智能制造背景下高职工业机器人专业人才培养模式研究
［J］. 机械制造与自动化，2017，46（6）：158-159，192.

［101］刘小春. 智能制造背景下高职自动化专业智能人才培养模式的研究
［J］. 山东工业技术，2017（17）：294-295.

［102］彭钢. 创业教育学［M］. 南京：江苏教育出版社，1999.

［103］ROBERT B. A broader vjew of university—industry relationshi Ds. SRA
Journal［J］. 2009（26）：45-48.

［104］SANTORO M D. Success breeds suecess：the linkage between relation
shi D intensity and tangible out comes in industry—unjversi ty collaborative Ventures
［J］. The Journal of High Technology Management Research，2010，11（2）：255-
273.

［105］GRANT H. University industry research partne｝ ships in Austral ia：
extent，benefits and Risks［J］. Higher education research & develo Dment，2007，
20（3）：245-264.

［106］JAMES A，SEVERSON P H D. Models of universitvindustrv cooperation
［J］. Journal of Industry academic government col 1aboration，2005（2）：1-6.

［107］梅伟惠. 美国高校创业教育［M］. 杭州：浙江教育出版社，2010.

［108］李时椿，常建坤，刘怡.大学生创业与高等院校创业教育［M］.北京：国防工业出版社，2004.

［109］彭迪云.大学生创新创业基础［M］.江西：江西高校出版社，2016.

［110］IBRAHIM A B, GOODWIN J R. Perceived Causes of Success in Small Business［J］. American Journal of Small Business. 1998, 11（2）：41 –50.

［111］熊飞，邱荒华.中美两国创业教育比较研究［J］.北京航空航天大学学报（社会科学版），2005，9（12）：8-9.

［112］KUNKEL. The Impact of Strategy and Industry Structure on New venture Performance［D］. Georgia：The University of Georgia, 2003.

［113］教育部职教研究所.职业技术教育原理［M］.北京：经济科学出版社，1998.

［114］武任恒.人文主义的职业教育价值观思考［J］.职业技术教育，2004，25（16）：14-16.

［115］潘懋元.建立高等职业教育独立体系刍议［J］.教育研究，2005（5）：26-29.

［116］舒昌，李光明.高等职业教育的本质属性及其培养模式研究［J］.产业与科技论坛，2007（3）：97-98.

［117］陈志芳.职业教育对构建我国和谐社会的作用［D］.临汾：山西师范大学，2010.

［118］王秀梅.工科高校创新人才培养及评价研究［D］.保定：华北电力大学（河北），2009.

［119］杨五洲.技术创新动因影响技术创新行为的作用机理研究［D］.成都：西南财经大学，2014.

［120］欧文军.基于创新人才培养的高校教学管理研究［D］.咸阳：西北农林科技大学，2009.

［121］吴贻春，刘花元.论创造型人才的培养［J］.南京师大学报（社会科学版），1985（2）：21.

［122］庄寿强，戎志毅.普通创造学［M］.徐州：中国矿业大学出版社，1997.

［123］顾桥.中小企业创业资源的理论研究［D］.武汉：武汉理工大学，2003.

［124］林强，姜彦福，张健.创业理论及其架构分析［J］.经济研究，

2001（9）：85-94，96.

[125] 曹胜利，雷家骕. 中国大学创新创业教育发展报告 [M]. 沈阳：万卷出版公司，2009.

[126] 教育部. 关于大力推进高等学校创新创业教育和大学生自主创业工作的意见：教办 [2010] 3 号 [Z].

[127] 马小辉. 创业型大学的创业教育目标、特性及实践路径 [J]. 中国高教研究，2013（7）.

[128] 辞海（1999 年版缩印本）[Z]. 上海：上海辞书出版社，2002.

[129] 中共中央国务院. 国家中长期人才发展规划纲要（2010—2020 年）[Z]. 2010（6）.

[130] 叶忠海. 人才学基本原理 [M]. 北京：北京蓝天出版社，2005.

[131] 王通讯. 人才学通论 [M]. 天津：天津人民出版社，1985：1.

[132] 陈向平，吉飞. 高等职业教育人才培养模式改革与实践研究 [J]. 高等教育研究，2010（10）：53.

[133] 宋志生. 农村远程高等职业教育人才培养模式的探索 [J]. 现代远距离教育，2007（2）：6.

[134] 王明伦. 高等职业教育人才培养模式重建之思考 [J]. 教育研究，2002（6）：89.

[135] 陈祖福. 迎接时代的挑战更新教育思想和观念 [J]. 中国高教研究，1997（3）：4-8.

[136] 林蕙青. 深化高等学校教学改革培养高质量的跨世纪人才 [J]. 人才医学教育，1997（6）：1-7.

[137] 望冠，彭军. 高职教育人才培养模式的构想 [J]. 辽宁教育研究，2001（5）：29.

[138] 教育部高教司. 银领工程系列：育才通道 [M]. 北京：高等教育出版社，2005.

[139] 余群英. 高职人才培养模式的理论与实践探索：广东省高等职业技术教育研究会 2004 年学术年会综述 [J]. 高教探索，2005（1）：94-96.

[140] 蔡炎斌. 高校创新人才培养模式之探索 [J]. 湖南师范大学教育科学学报，2006（2）：79-81，84.

[141] 李志义. 谈高水平大学如何构建本科培养模式 [J]. 中国高等教育，2007（15）：34-36.

[142] 董泽芳. 高校人才培养模式的概念界定与要素解析 [J]. 大学教育

科学，2012（3）：30-36.

[143] 中科院语言所词典编辑室. 现代汉语词典（修订本）[Z]. 北京：商务印书馆，1997.

[144] 陈维彬. 高职教育工学结合人才培养模式的理论与实践探索 [J]. 教育与职业，2007（21）：97-99.

[145] 韩静静. 河南省职业院校校企合作运行机制研究 [D]. 开封：河南大学，2014.

[146] 郭凡. "互联网+"背景下高职教育校企合作对策研究 [D]. 西安：西安建筑科技大学，2017.

[147] 臧夏秋. 创新创业背景下应用型职业人才培养的对策研究 [D]. 南昌：东华理工大学，2017.

[148] 江涛. 舒尔茨人力资本理论的核心思想及其启示 [J]. 扬州大学学报（人文社会科学版），2008，12（6）：84-87.

[149] ANGELA W L. Motivating Learning and the Development of Human Capital [J]. Compare：A Journal of Comparative and International Education，2003（4）：437-452.

[150] 徐国兴. 高等教育经济学 [M]. 北京：北京大学出版社，2013.

[151] 陈劲，吕文晶. 人工智能与新工科人才培养：重大转向 [J]. 高等工程教育研究，2017（6）：18-23.

[152] 晓边. 人才学：我国学者首创的学科 [J]. 合肥工业大学学报（社会科学版），1992（2）：160.

[153] 文苗. 高技能人才成长规律及培养模式研究 [D]. 长沙：湖南农业大学，2016.

[154] 黄鹤. 德国职业教育模式及微观理解：以高职电类基础课程为例 [J]. 技术与教育，2015，29（3）：50-52，6.

[155] 欧阳恩剑. 论我国职业教育法的基本制度 [J]. 职业技术教育，2016，37（30）：33-36.

[156] 陈光华，孙志河，吴雪萍，等. 德国双元制：一个职业教育制度样本的方方面面 [J]. 职业技术教育，2001，22（21）：52-59.

[157] 陈好连. 双元制背景下德国职教教师资格制度研究 [D]. 重庆：西南大学，2012.

[158] 刘凤彪. 借鉴德国"双元制"职业教育模式加速我国职业教育的改革与发展 [D]. 保定：河北大学，2004.

[159] 王媛媛. 以校企合作为依托的高职教育发展路径研究 [D]. 苏州：苏州大学，2011.

[160] 周志成. 德国"双元制"职业教育的优势及启示 [J]. 北京教育（高教），2018（1）：40-42.

[161] 王金永，杨德艳，孟庆学. 校企合作人才培养模式的博弈论分析 [J]. 宁波教育学院学报，2014，16（6）：6-9.

[162] 高宏. 德国职业技术教育的特色及启示 [J]. 教育与职业，2004（7）：57-58.

[163] 弭娜. 独立学院校企合作模式微探 [J]. 教育教学论坛，2015（7）：39-40.

[164] 胡卫珍. 德国"双元制"职业教育体制的历史沿革 [J]. 网络财富，2010（21）：97-98.

[165] 李大卫. 天津市国家职业教育改革实验区实训基地建设研究 [J]. 天津市经理学院学报，2011（2）：14-18.

[166] 徐平. 美国合作教育的基本模式 [J]. 外国教育研究，2003（8）：1-4.

[167] 华耀军. 美国合作教育及启示 [J]. 长沙民政职业技术学院学报，2011，18（3）：118-120.

[168] 宁飞. 基于产学合作下的山西中职教育人才培养模式研究 [D]. 太原：山西财经大学，2011.

[169] 秦立春，胡红卫. 发达国家政府重视校企合作发展高职教育的启示 [J]. 理论前沿，2006（13）：33-34.

[170] 王媛. 沈阳国际科学技术学院学生培养方案的再设计及其实施 [D]. 沈阳：东北大学，2010.

[171] 冯研. 对国外发达国家产学结合人才培养模式的思考 [J]. 改革与开放，2009（8）：169-170.

[172] 宋小乐. 高职院校"三明治"人才培养模式研究 [D]. 贵阳：贵州师范大学，2015.

[173] 齐红阳. 从英国现代学徒制看我国职业教育改革 [J]. 当代职业教育，2014（1）：111-114.

[174] 屈昌辉. 高职院校"三明治"人才培养模式实施方案研究 [J]. 中国职业技术教育，2013（14）：29-31.

[175] 方化民. 国外职业教育概览 [J]. 教育与职业，2005（28）：70-71.

[176] 高向军. 天津市中等职业教育校企合作发展研究 [D]. 天津: 天津大学, 2012.

[177] 刘凯. 中职教育校企合作问题及对策研究 [D]. 长沙: 湖南农业大学, 2011.

[178] 石丽敏. 国外校企合作办学模式的分析与研究 [J]. 高等农业教育, 2006 (12): 81-84.

[179] 秦立春. 借鉴国外校企合作经验推动我国高职教育发展 [J]. 湖南经济管理干部学院学报, 2002 (3): 76-78.

[180] 张赓. 国际高职产学合作教育的比较研究 [J]. 中国职业技术教育, 2006 (6): 34-35.

[181] 饶绍伦, 钟峥, 刘银锋, 等. 高职院校紧密型产学合作模式和运行方式研究 [J]. 成都纺织高等专科学校学报, 2014, 31 (1): 52-56.

[182] 孟利前, 张京生, 胡清晨. 高等职业教育工学结合人才培养模式探析 [J]. 现代农业科技, 2009 (6): 221-223.

[183] 王茹, 梁金柱, 于莉. 高职院校校企合作动漫人才培养的模式探索 [J]. 高等职业教育 (天津职业大学学报), 2010, 19 (6): 53-56.

[184] 汪卫芳. 浅谈澳洲 TAFE 模式对我国高职教育的启示 [J]. 职业圈, 2007 (3): 103-105.

[185] 职芳芳. 澳大利亚高等职业教育国际化办学模式研究 [D]. 开封: 河南大学, 2013.

[186] 黄斌. 澳大利亚 TAFE 教育与大学教育衔接的路径及启示 [J]. 江苏社会科学, 2012 (S1): 113-116.

[187] 李天和. 澳大利亚 TAFE 教育对工程测量技术专业建设的启示 [J]. 科学咨询 (决策管理), 2009 (3): 86, 95.

[188] 金爱茹. 高职院校校企合作模式研究 [D]. 保定: 华北电力大学 (河北), 2009.

[189] 叶永春. 澳大利亚 TAFE 学院的学习与借鉴 [J]. 泸州职业技术学院学报, 2014 (3): 45-48.

[190] 吕红. 澳大利亚职业教育课程质量保障的研究 [D]. 重庆: 西南大学, 2009.

[191] 李晓哲. TAFE 模式与高校教学改革 [J]. 山东电力高等专科学校学报, 2008 (4): 6-8, 13.

[192] 石哉. 充满活力的澳大利亚技术与继续教育 [J]. 中国高等教育,

2001 (Z3): 60-62.

[193] 于力晗. 从这里读懂法国学徒制 [J]. 重庆与世界, 2018 (10): 16-17.

[194] 肖霞. 日本政府主导下的高职产学官合作及其启示 [J]. 扬州教育学院学报, 2013 (3): 56-59.

[195] 尹金金. 德、美、日职业教育校企合作制度比较研究: 基于历史视角与特征的分析 [J]. 职业技术教育, 2011 (19): 86-89.

[196] 曹勇, 秦玉萍. 日本政府主导型产学官合作模式的形成过程、推进机制与实施效果 [J]. 自然辩证法通讯, 2011 (5): 93-100.

[197] 李毅. 地方本科院校办学模式调整: 基于大学生就业视角的思考 [J]. 河南商业高等专科学校学报, 2009 (4): 108-110.

[198] 智瑞芝. 日本产学合作演变及政府的主要措施 [J]. 现代日本经济, 2009 (3): 34-39.

[199] 王振朋. 新加坡南洋理工学院"教学工厂"下的课程模式及其引鉴 [J]. 齐齐哈尔职业学院学报, 2010, 4 (1): 5-9.

[200] 李俊婷. 新加坡职业教育的发展及其启示 [J]. 中国成人教育, 2010 (13): 120-121.

[201] 肖斌. 基于教学工厂的物流综合实训课程开发研究 [J]. 职教通讯, 2018 (8): 27-32.

[202] 魏炜. 新加坡职业技术教育的成功经验及启示 [J]. 上海青年管理干部学院学报, 2004 (4): 23-26.

[203] 孟国强, 张胜宾. 新加坡南洋理工学院"教学工厂"模式下的教学实施分析 [J]. 职业教育研究, 2012 (7): 177-178.

[204] 赵家华. 南洋理工学院的教学工厂与教学质量管理 [J]. 计算机教育, 2008 (9): 22-23.

[205] 徐梦虹, 胡文宝, 赵业廷, 等. 美、加合作教育及其对我国合作教育的几点启示 [J]. 石油教育, 1998 (9): 38-47.

[206] 徐涵. 三种职业教育人才培养模式的基本特征与评价 [J]. 江苏技术师范学院学报 (职教通讯), 2008 (6): 25-28.

[207] 教育部. 关于经济部门和教育部门加强合作, 促进就业前职业技术教育发展的意见: 教职字 [1986] 011 号 [Z]. 1986-06-23.

[208] 国家教委. 关于改革和发展成人教育的决定: 国发 [1987] 59 号 [Z]. 1987-06-23.

[209] 中华人民共和国职业教育法：中华人民共和国主席令第 69 号 [Z]. 1996-09-01.

[210] 国务院批转教育部《面向 21 世纪教育振兴行动计划》[J]. 湖南教育（上旬），1999（6）：2-3.

[211] 全国教育经费执行情况统计公告（1999、2005 年）[EB/OL]. http://www.edu.cn/jiao_yu_jing_fei_497/20070102/t20070102_212602.shtml.

[212] 罗汝珍. 职业教育产教融合政策的制度学逻辑分析 [J]. 职业技术教育，2016，37（16）：8-13.

[213] 国务院. 关于大力推进职业教育改革与发展的决定：国发〔2002〕16 号 [Z]. 2002-08-24.

[214] 国务院. 关于实施职业院校制造业和现代服务业技能型紧缺人才培养培训工程的通知：教职成〔2003〕5 号 [Z]. 2003-12-03.

[215] 教育部等七部门. 关于进一步加强职业教育工作的若干意见：教职成〔2004〕12 号 [EB/OL].（2004-09-14）. http://www.moe.gov.cn/srcsite/A07/moe_737/s3876_qt/200409/t20040914_181883.html.

[216] 国务院. 关于大力发展职业教育的决定：国发〔2005〕35 号 [Z]. 2005-10-28.

[217] 教育部. 关于全面提高高等职业教育教学质量的若干意见 [EB/OL].（2006-11-20）[2012-11-25]. http://www.edu.cn/zong_he_801/20111020/t20111020_696513.shtml.

[218] 徐涵. 工学结合概念内涵及其历史发展 [J]. 职业技术教育，2008（7）：8.

[219] 教育部. 关于进一步深化中等职业教育教学改革的若干意见 [EB/OL].（2008-12-13）. http://old.moe.gov.cn/publicfiles/business/htmlfiles/moe/moe_955/201001/xxgk_79148.html.

[220] 国务院. 国家中长期教育改革和发展规划纲要（2010—2020）[M]. 北京：人民出版社，2010：16.

[221] 教育部. 关于推进高等职业教育改革创新引领职业教育科学发展的若干意见 [EB/OL].（2011-11-20）[2012-11-25]. http://www.edu.cn/zong_he_801/20111020/.

[222] 国务院. 国务院关于加快发展现代职业教育的决定：国发〔2014〕19 号 [EB/OL].（2014-05-02）[2014-06-24]. http://www.scio.gov.cn/ztk/xwfb/2014/gxbjhzyjyggyfzqkxwfbh/xgbd31088/Document/1373573/1373573_1.htm.

［223］教育部.关于开展现代学徒制试点工作的意见：教职成〔2014〕9号［EB/OL］.（2014-08-25）.http://old.moe.gov.cn/publicfiles/business/htmlfiles/moe/s7055/201409/174583.html.

［224］教育部等六部门.现代职业教育体系建设规划（2014—2020）：教发〔2014〕6号［EB/OL］.http://www.qhkjxx.com/html/news/20140118/45321780362.html.

［225］国务院办公厅.国务院办公厅关于深化产教融合的若干意见：国办发〔2017〕95号［EB/OL］.（2017-12-19）.http://www.gov.cn/zhengce/content/2017-12/19/content_5248564.htm.

［226］教育部等六部门.职业学校校企合作促进办法：教职成〔2018〕1号［EB/OL］.（2018-02-12）.http://www.moe.gov.cn/srcsite/A07/s7055/201802/t20180214_327467.html.

［227］常州市人民政府.关于加强职业教育校企合作办学的指导意见［EB/OL］.（2007-10-10）［2012-12-05］.http://www.changzhou.gov.cn/ns_news/963313134310782.

［228］潍坊市人民政府.关于大力推进校企合作加快技能型人才培养的实施意见［EB/OL］.（2008-07-21）［2012-12-05］.http://www.weifang.gov.cn/WFZW/ZFWJ/WZF/200906/ t20090626_207759.htm.

［229］宁波市人民代表大会常务委员会.宁波市职业教育校企合作促进条例［EB/OL］.（2009-03-01）［2012-12-05］.http://www.tech.net.cn/web/articleview.aspx? id=20120110124701067&cata_id=N183.

［230］北京市教育委员会,北京市交通委员会.北京市交通行业职业教育校企合作暂行办法［EB/OL］.（2011-07-01）［2012-12-05］.http://www.tech.net.cn/web/articleview.aspx? id=20111010144515660&cata_id=N003.

［231］湖南省人民政府办公厅.关于深化普通高校校地校企合作的意见：湘政办发〔2017〕8号［EB/OL］.（2017-02-10）［2017-02-16］.http://xwb.hnedu.cn/chuangxin/HTML/3478.html.

［232］湖南省教育厅.湖南省职业学校校企合作促进办法：湘教发〔2018〕32号［EB/OL］.（2018-12-29）［2019-2-16］.http://zcc.hnedu.cn/c/2019-02-01/3008737.shtml.

［233］上海市教育科学研究院,麦可思研究院.中国高等职业教育质量年度报告（2018）［R］.北京：高等教育出版社,2018.

［234］上海市教育科学研究院,麦可思研究院.中国高等职业教育质量年

度报告（2019）［R］．北京：高等教育出版社，2019.

［235］浙江省教育厅．浙江省高等职业教育质量年度报告（2016）［R］．杭州：浙江省教育厅，2016.

［236］温州职业技术学院．"三局"协同"三体"共建打造高职教育产教融合"温州样本"［EB/OL］．［2019-04-04］．http://jyt.zj.gov.cn/art/2019/4/4/art_1633396_32409664.html.

［237］金华职业技术学院．深化产教融合发展高水平建设区域服务型高职院校［EB/OL］．［2019-04-04］．http://jyt.zj.gov.cn/art/2019/4/4/art_1633396_32409568.html.

［238］广东省教育厅．广东省高等职业教育质量年度报告（2017）［R］．广州：广东省教育厅，2017.

［239］广东省教育厅．广东省高等职业教育质量年度报告（2019）［R］．广州：广东省教育厅，2019.

［240］天津商务职业学院．高等职业教育质量年度报告（2018）［EB/OL］．（2017-12-20）．https://www.tech.net.cn/web/rcpy/articleview_sch.aspx?id=6682.

［241］常州信息职业技术学院．高等职业教育质量年度报告（2018）［EB/OL］．（2018-01-15）．https://www.tech.net.cn/web/rcpy/articleview_sch.aspx?id=7393.

［242］江苏经贸职业技术学院．高等职业教育质量年度报告（2018）［EB/OL］．（2018-01-10）．https://www.tech.net.cn/web/rcpy/articleview_sch.aspx?id=7409.

［243］南京工业职业技术学院．高等职业教育质量年度报告（2018）［EB/OL］．（2018-01-12）．https://www.tech.net.cn/web/rcpy/articleview_sch.aspx?id=7428.

［244］江苏商贸职业学院．高等职业教育质量年度报告（2018）［EB/OL］．（2017-12-18）．https://www.tech.net.cn/web/rcpy/articleview_sch.aspx?id=7414.

［245］湖南省教育厅．湖南省高等职业院校适应社会需求能力督导评估报告（2018年）［EB/OL］．［2019-02-13］．http://jyt.hunan.gov.cn/sjyt/xxgk/2017zwgk/jydd/zxddbg/201902/t20190214_5274423.html.

［246］湖南省教育厅．湖南等六省职业教育获国家奖励支持［EB/OL］．（2019-05-13）．http://jyt.hunan.gov.cn/sjyt/xxgk/bwdt1/201905/t20190513_

5331991. html.

[247] 湖南省教育厅. 湖南省高等职业教育质量年度报告（2018）[R].
长沙：湖南省教育厅，2018.

[248] 湖南省教育厅. 湖南省高等职业教育质量年度报告（2019）[R].
长沙：湖南省教育厅，2019.

[249] 湖南省教育厅. 探索校企合作新路径提升就业创业硬实力[EB/
OL]. [2017 - 05 - 09]. http://jyt. hunan. gov. cn/sjyt/xxgk/jykx/jykx/201905/
t20190530_5345557. html.

[250] 张莹. 产教融合结硕果，校企联手育人才[EB/OL]. [2019-06-13].
http://jyt.hunan.gov.cn/sjyt/xxgk/gxdt/201906/t20190613_5356607. html.

[251] 蔡超强. 全面落实教育大会精神，助推学院高质量发展[EB/OL].
http://jyt.hunan.gov.cn/sjyt/xxgk/gxdt/201904/t20190430_5326173. html.

[252] 江泽民. 高举邓小平理论伟大旗帜把建设中国特色社会主义事业全
面推向二十一世纪[EB/OL]. (2007-08-29)[2018-06-20]. http://www.gov.cn/
test/2007-08/29/content_730614. htm.

[253] 王占仁. 中国创业教育的演进历程与发展趋势研究 [J]. 华东师范
大学学报（教育科学版），2016（2）.

[254] 教育部. 面向21世纪教育振兴行动计划[EB/OL]. (1998-12-24).
http://old.moe.gov.cn/publicfiles/business/htmlfiles/moe/s6986/200407/2487. html.

[255] 中共中央关于完善社会主义市场经济体制若干问题的决定[EB/
OL]. (2003-10-21)[2008-08-13]. http://www.gov.cn/test/2008-08/13/content_
1071062. htm.

[256] 人力资源和社会保障部，等. 关于促进以创业推动就业工作的指导
意见[EB/OL]. (2008-10-29)[2008-10-29]. http://www.gov.cn/jrzg/2008-10/
29/content_1135116. htm.

[257] 国务院办公厅. 国务院办公厅关于加强普通高等学校毕业生就业工
作的通知[EB/OL]. (2009-01-23)[2009-01-23]. http://www.gov.cn/zwgk/2009
-01/23/content_1213491. htm.

[258] 高校创新创业教育改革与发展问题研究（笔谈）[J]. 教育研究，
2018，39（5）：59.

[259] 教育部. 普通本科学校创业教育教学基本要求（试行）：教高厅
〔2012〕4 号[EB/OL]. (2012-08-01). http://old.moe.gov.cn/publicfiles/busi-
ness/htmlfiles/moe/s5672/201208/140455. html.

[260] 国务院. 关于深化高等学校创新创业教育改革的实施意见[EB/OL].(2015-05-04)[2015-05-13].http://www.gov.cn/zhengce/content/2015-05/13/content_9740.htm.

[261] 中华人民共和国教育部. 关于做好 2016 届全国普通高等学校毕业生就业创业工作的通知:教学〔2015〕12 号[EB/OL].(2016-12-01).http://www.moe.gov.cn/srcsite/A15/s3265/201512/t20151208_223786.html.

[262] 中国教育和科研计算机网. 教育部副部长:全国高校开展双创教育课程逾 2300 门[EB/OL].(2017-09-25)[2018-07-29].http://www.edu.cn/xxh/xy/cxcy/201709/t20170925_1556571.shtml.

[263] 柯进. 创新创业教育实践的中国样本:党的十八大以来创新创业教育改革综述 [N]. 中国教育报,2017-09-16.

[264] 长沙民政职业技术学院. 长沙民政职业技术学院高等职业教育质量年度报告 (2018) [R]. 长沙:长沙民政职业技术学院,2018:42-44.

[265] 李克强对首届中国"互联网+"大学生创新创业大赛作出重要批示[Z].http://www.gov.cn/guowuyuan/2015-10/20/content_2950730.htm.

[266] 教育部. 2016 年起全部高校设置创新创业教育课程[EB/OL].http://www.china.com.cn/education/2015-12/12/content_37298833.htm.

[267] 北京财贸职业学院. 高等职业教育质量年度报告 (2018) [EB/OL].[2018-01-18].https://www.tech.net.cn/web/rcpy/articleview_sch.aspx? id=6642.

[268] 阚婧. 我国高校创新创业教育的实践探索 [D]. 大连:大连理工大学,2011.

[269] 逯铮. 利益相关者视角下高职院校产教融合的必然选择与发展路径 [J]. 成人教育,2019,39 (5):75-80.

[270] 亢利平. 高职产教融合机制构建的问题与对策探析 [J]. 黑龙江教育学院学报,2018,37 (5):60-61.

[271] 尹姿云. 职业院校产教融合动力机制研究 [D]. 长沙:湖南师范大学,2013:25-35.

[272] 王文涛,任占营. 高职院校开展校企合作的问题归因和思考 [J]. 职业技术教育,2012,33 (17):34-38.

[273] 高晓辉. 新时期高等职业教育校企合作的困境与对策研究 [D]. 石家庄:河北师范大学,2013.

[274] 肖旭,陈群辉. 当前高职校企合作存在的问题及对策研究 [J]. 武

汉职业技术学院学报，2008（7）：50-65.

[275] 周绍梅. 产业转型升级视角下职业教育产教融合的症结与破解 [J]. 教育与职业，2018（2）：8-14.

[276] 顾准. 教学产业园：高职办学模式的创新与实践 [J]. 安徽电子信息职业技术学院学报，2013，12（5）：44-47.

[277] 安杰山. 中职校企深度合作的瓶颈及对策研究 [J]. 职教论坛，2010（28）：64-66，70.

[278] 陈玉伟. 高职"双创"教育发展现状及面临挑战 [J]. 教育教学论坛，2018（25）：257-258.

[279] 王艳红，时秋勇，吴小峰. 高职院校"双创"教育现状分析及策略研究 [J]. 黑龙江生态工程职业学院学报，2018，31（1）：75-76，79.

[280] 蔡欧. 中等卫校"三元合一"人才培养模式的构建 [D]. 广州：广东技术师范学院，2016.

[281] 周远清. 在第一次全国普通高等学校教学工作会议上的讲话 [M] //深化教学改革培养适应世纪需要的高质量人才. 北京：高等教育出版社，1998：43.

[282] 钟秉林. 努力开创高职高专教学工作的新局面 [A] //第一次全国高职高专教学工作会议文集. 北京：高等教育出版社，2000.

[283] 教育部工科03-5号课题组. 教育部工科03-5号课题研究总结报告 [R]. 2009（9）.

[284] 李明海. 媒体融合语境下高校传媒人才培养模式创新研究 [D]. 重庆：西南大学，2017.

[285] 赵伟. 培养目标的新界定和我国职教格局的重塑 [J]. 中国职业技术教育，2014（21）：46-51.

[286] 宦平. 论新时期我国职业教育培养目标的界定与实现 [J]. 现代技能开发，2003（1）：12-16.

[287] 曾君，姚丹，余丽霞. 国内信用管理专业教育现状及问题研究：基于人才培养模式构成要素视角 [J]. 成都师范学院学报，2017，33（5）：1-7.

[288] 唐远金. 体育教育专业复合型人才培养模式的构成要素分析 [J]. 职业时空，2008（10）：229-230.

[289] 中国教育年鉴编辑部. 中国教育年鉴（2000）[Z]. 北京：人民教育出版社，2000：3.

[290] 中华人民共和国教育部. 关于印发《教育部关于加强高职高专教育

人才培养工作的意见》的通知[EB/OL].(2000-01-17)[2018-08-19].http://www.moe.gov.cn/srcsite/A08/s7056/200001/t20000117_162628.html.

[291] 刘松林,马庆发.改革开放以来我国高职人才培养目标的发展历程与动因 [J].江苏高教,2009 (1)：130-132.

[292] 中国教育年鉴编辑部.中国教育年鉴 (2003) [Z].北京：人民教育出版社,2003.

[293] 中国教育年鉴编辑部.中国教育年鉴 (2004) [Z].北京：人民教育出版社,2004.

[294] 中华人民共和国教育部.教育部关于以就业为导向深化高等职业教育改革的若干意见[EB/OL].(2004-04-06)[2018-06-19].http://old.moe.gov.cn/publicfiles/business/htmlfiles/moe/moe_737/201001/xxgk_79654.html.

[295] 中华人民共和国教育部.关于推进中等和高等职业教育协调发展的指导意见[EB/OL].(2011-12-30)[2018-09-09].http://www.moe.gov.cn/srcsite/A07/s7055/201112/t20111230_171564.html.

[296] 高葵芬.我国高职"高端技术技能人才"培养目标形成发展轨迹分析 [J].职教通讯,2013 (4)：63-65.

[297] 中华人民共和国教育部.关于印发《国家教育事业发展第十二个五年规划》的通知[EB/OL].(2012-06-14)[2018-09-19].http://www.moe.gov.cn/srcsite/A03/moe_1892/moe_630/201206/t20120614_139702.html.

[298] 国务院.关于建立现代职业教育体系服务经济发展方式转变的决定（第14稿）[Z].高等职业院校校长职业教育与产业发展专题研究班,2012-10-18.

[299] 陈安,林祝亮.职业院校创客教育的价值、现状及路径 [J].中国职业技术教育,2018 (2)：25-28.

[300] 杜灿谊."中国制造2025"背景下职业教育面临的挑战及应对策略[J].教育与职业,2018 (18)：31-35.

[301] 本刊编辑部.理论探讨：中国职业教育现代化发展理论与路径：中国职业教育现代化论坛观点摘编 [J].中国职业技术教育,2016 (16)：17-38.

[302] 肖坤,夏伟,卢晓中.论协同创新引领技术技能人才培养 [J].高教探索,2014 (3)：11-14.

[303] 国务院.关于印发《中国制造2025》的通知[EB/OL].(2015-05-19)[2018-06-09].http://www.gov.cn/zhengce/content/2015-05/19/content_

9784. htm.

[304] 世界品牌研究室. 世界品牌 100 强品牌制造 [M]. 中国电影出版社，2004：5-35.

[305] 品牌制造的永恒法则：评《世界品牌 100 强品牌制造》[J]. 中国人力资源开发，2004（10）：106.

[306] 国务院印发《中国制造 2025》明确九大战略任务和重点要求加强质量品牌建设 [J]. 大众标准化，2015（5）：4.

[307] 蒋华林，邓绪琳. 工匠精神：高等工程教育面向先进制造培养人才的关键 [J/OL]. 重庆大学学报（社会科学版），2019：1-9 [2019-02-24]. http：//kns. cnki. net/kcms/detail/50. 1023. c. 20190119. 1003. 002. html.

[308] 钱青青. 现代职业教育体系中的中职课程体系建设研究 [D]. 南昌：江西农业大学，2018.

[309] 崔颖. 高校课程体系的构建研究 [J]. 高教探索，2009（3）：88-90.

[310] 胡燕燕. 浅谈高职课程体系的构建原则 [J]. 中国职业技术教育，2005（1）：47-49.

[311] 谭镜星. 论高职 T 型人才培养模式的构建 [J]. 高等教育研究，2005（10）：72-76.

[312] 薛成龙，邬大光. 论学分制的本质与功能：兼论学分制与教学资源配置的相关性 [J]. 北京大学教育评论，2007（3）：138-156，192.

[313] 杨四耕. 师生关系与教学资源 [J]. 当代教育论坛，2003（8）：37-40.

[314] 广东、湖南等省辞源修订组，商务印书馆编辑部编. 辞源（修订本）[M]. 北京：商务印书馆，1980：2960，1859.

[315] 辞海编辑委员会编. 辞海（中）[M]. 上海：上海辞书出版社，1979.

[316] 中国社会科学院语言研究所词典编辑室编. 现代汉语词典 [M]. 北京：商务印书馆，1996.

[317] 胡森. 国际教育百科全书 [M]. 贵阳：贵州教育出版社，1990.

[318] 陈德清，刘安华，高仁泽. 高等职业教育人才培养模式的构建与实践 [J]. 成才之路，2016（6）：3-4.

[319] 杨秀英，李兵. 我国高职教育"双证"融通人才培养模式的构建 [J]. 教育与职业，2008（35）：8-11.

[320] 丁金昌，童卫军. 校内生产性实训基地建设的探索 [J]. 中国高教研究，2008（2）：57-58.

[321] 段欣. 对"项目工作室制"人才培养模式的思考 [J]. 中国职业技术教育，2009（18）：74.

[322] 韩艳丽，贾君，曹正，等. "课岗对接，课证融合，课赛融通"课程教学模式改革的探索：以江苏农林职业技术学院食品营养与检测专业为例 [J]. 教育教学论坛，2016（16）：274-275.

[323] 唐小艳，孙悦. 职教集团资源共享的综合评价指标构建 [J]. 现代教育管理，2013（11）：85-89

[324] 章安平，方华. 基于职业导向的"课证融合"人才培养模式实践与思考：以浙江金融职业学院国际贸易实务专业为例 [J]. 中国高教研究，2008（11）：58-60.

[325] 国务院. 国务院关于印发国家职业教育改革实施方案的通知：国发〔2019〕4 号 [EB/OL].（2019-01-24）[2019-02-13]. http://www.gov.cn/zhengce/content/2019-02/13/content_5365341.htm.

[326] 袁贵仁. 加强大学文化研究推进大学文化建设 [J]. 中国大学教学，2002（10）：4.

[327] 刘献君. 论文化育人 [J]. 高等教育研究，2013，34（2）：1-8.

[328] 韩延明. 强化大学文化育人功能 [J]. 教育研究，2009，30（4）：89-93.

[329] 施卫华. 大学文化育人功能及实现路径研究 [J]. 思想教育研究，2016（5）：117-120.

[330] 马丽飞，曹晔. 我国中等职业教育评估历程回顾与展望 [J]. 教育与职业，2016（21）：8-12.

[331] 孙翠香，庞学光. 我国高等职业教育评估：现状、问题及改进策略 [J]. 河北师范大学学报（教育科学版），2014，16（5）：57-63.

[332] 姚云. 国家示范性高职院校建设的政策解读与评审过程：访教育部高等教育司高职与高专教育处范唯处长 [J]. 大学（研究与评价），2007（4）：59-64.

[333] 教育部职业教育与成人教育司. 关于印发《高等职业院校内部质量保证体系诊断与改进指导方案（试行）》启动相关工作的通知 [Z]. 2015-12-30.

[334] 梁卿. 职业教育质量第三方评价的概念探析 [J]. 职业技术教育，

2014, 35（13）：47-50.

[335] 马万民. 高等教育人才培养质量评价模型研究［J］. 中国软科学, 2008（8）：153-156.

[336] 王璐, 孟凡静, 李雯. 创新创业型人才培养质量评价体系的构建［J］. 技术与创新管理, 2013, 34（5）：487-490.

[337] 方向阳, 孙学文, 甘昭良. 高职院校人才培养质量评价指标体系：高职院校人才培养质量评价研究之一［J］. 现代教育管理, 2009（2）：77-80.

[338] 王迪. 高职院校不同学制人才培养质量评价指标体系的构建［J］. 广东技术师范学院学报, 2012, 33（7）：114-116.

[339] 赵佩华, 胡泊. 基于多元互动的高职院校人才培养质量评价体系探析［J］. 职业技术教育, 2013, 34（32）：74-76.

[340] 朱平. 高职与本科"3+2"分段人才培养质量评价体系构建［J］. 职业技术教育, 2014, 35（5）：61-63.

[341] 姚润玲. 基于利益相关者理论的应用型本科院校产教融合绩效评价研究［D］. 哈尔滨：哈尔滨工业大学, 2018.

[342] Grobe T. Synthesis of existing knowledge and practice in the fiele of educational partnerships.［J］. Department of Education, 1993：325-535.

[343] LAANAN F S. Community Colleges as Facilitators of School-to-Work.［J］. ERIC Clearinghouse for Community Colleges, 1995.

[344] 张安. 高职院校校企合作问题及对策研究［D］. 石家庄：河北师范大学, 2017.

[345] 王卫伟, 李蛟, 杜庆洋, 等. 以课程群为核心的高校教学团队建设实践［J］. 教育教学论坛, 2018.

[346] 周晓娟. 定岗双元模式下高职报关专业校企合作课程开发机制的构建研究［J］. 物流工程与管理, 2014, 36（11）：186-188.

[347] 谭燕瑜, 唐凡茗. 校企合作开发课程教学团队建设的困境与对策研究［J］. 科技视界, 2019（1）：49-51.

[348] 刘刚, 孙经兴. 高职院校与企业合作课程开发的机制与方法研究［J］. 教育教学论坛, 2015（52）：35-36.